U0368351

人才发展研究文库

全国教科规划国家一般课题：
高校海归青年教师首聘期满意度时空分异、影响因素与政策机理（课题编号：BIA160116）成果

# 海归青年教师首聘期
# 工作满意度研究

## Research on
## Early Career Returnee Faculties' Job Satisfaction

李奕嬴 著

上海交通大学出版社
SHANGHAI JIAO TONG UNIVERSITY PRESS

**内容提要**

  本书立足于我国科教兴国和人才强国的战略背景下,聚焦高校逐渐壮大的海归青年教师群体。主要采用问卷调查和深入访谈的研究方法,以第一手数据资料为支撑,选择我国东、中、西部地区代表性省份及代表性高校的海归青年教师为样本,对其首聘期工作满意度进行调查,全面分析首聘期工作满意度高低的影响因素,并根据其归国年代、地域分布、学校类别等进行比较分析,尝试探讨国家宏观和高校微观政策对海归青年教师首聘期工作满意度的影响机理。本书对我国高校人才政策改革和国际化背景下的现代大学制度建设具有启发意义和重要参考。

**图书在版编目(CIP)数据**

  海归青年教师首聘期工作满意度研究 / 李奕赢著
. —上海:上海交通大学出版社,2023.6
  ISBN 978 - 7 - 313 - 28119 - 7

  Ⅰ.①海… Ⅱ.①李… Ⅲ.①青年教师－工作－研究－中国 Ⅳ.①G451

  中国版本图书馆 CIP 数据核字(2022)第 238289 号

**海归青年教师首聘期工作满意度研究**
HAIGUI QINGNIAN JIAOSHI SHOUPINQI GONGZUO MANYIDU YANJIU

| | | | | |
|---|---|---|---|---|
| 著  者:李奕赢 | | | | |
| 出版发行:上海交通大学出版社 | | 地  址:上海市番禺路 951 号 | | |
| 邮政编码:200030 | | 电  话:021 - 64071208 | | |
| 印  制:上海新艺印刷有限公司 | | 经  销:全国新华书店 | | |
| 开  本:710 mm×1000 mm 1/16 | | 印  张:12.75 | | |
| 字  数:187 千字 | | | | |
| 版  次:2023 年 6 月第 1 版 | | 印  次:2023 年 6 月第 1 次印刷 | | |
| 书  号:ISBN 978 - 7 - 313 - 28119 - 7 | | | | |
| 定  价:78.00 元 | | | | |

版权所有 侵权必究
告读者:如发现本书有印装质量问题请与印刷厂质量科联系
联系电话:021 - 33854186

# 编　委　会

**名誉主任**：叶忠海　吴　江

**主　　任**：吴瑞君

**副 主 任**：朱军文　钟祖荣　黄　健

**委　　员**(按姓氏拼音排序)：

陈丽君　崔　璨　高向东　黄　健　李志刚　马抗美

王辉耀　王　振　汪　怿　吴瑞君　姚　凯　赵永乐

郑其绪　钟祖荣　朱军文

# 总　序

　　党的十八大以来,习近平总书记高度重视人才工作,就如何识才、爱才、敬才、用才作出一系列重要论述和指示批示,为新时代人才工作指明了正确方向。党的二十大报告强调,人才是第一资源,是全面建设社会主义现代化国家的基础性、战略性支撑之一,将人才工作提到新的战略高度。深入实施新时代人才强国战略,建设高水平人才高地,为中国式现代化的实现提供人才保障,需要聚天下英才而用之,创新人才流动、人才管理、人才评价、人才激励等体制与机制;需要变革人才培养模式,自主培养造就一流科技领军人才和创新团队,一大批各行各业的创新人才、卓越人才;更需要运用多学科视角及研究方法对人才相关的基础理论、创新政策与特色实践开展深入研究,从而不断推动人才工作的实践创新,这也是时代赋予人才研究工作者的使命担当。

　　华东师范大学是改革开放以来国内最早聚焦人才问题开展学术研究、专门人才培养和中国特色人才学学科建设的一所研究型大学,华东师范大学人才学研究起源于 1980 年。四十多年来,学校基于不同院系和学科资源,先后设立了多个人才相关的创新团队及研究机构,在学术研究、专业服务、人才培养等方面积累了诸多成果,有效推动了高校人才学科发展,产生了广泛的社会影响。2021 年底学校对已有人才研究平台及学科资源进行高位整合,组建了"华东师范大学人才发展战略研究院"。研究院秉持开放、合作、共赢的理念,融学科建设、人才培养、科学研究、学术交流、决策咨询、专业服务六位于一体。重点聚焦"人才学基本理论研究""人才发展战略""创新人才培养与发展研究""人才流动与全球竞争力研究"等特色研究方向,着力打造高水平的人才理论研究平台以及服务党和政府人才决策的高端智库。

作为研究院打造的学术和智库品牌，华东师范大学人才发展战略研究院于近期正式启动"人才发展研究文库"的出版工作，旨在吸引和集聚国内外知名学者特别是具有多学科背景的青年学者，聚焦全球人才竞争背景下我国人才战略及人才工作中的重大理论与现实问题开展科学研究，全面总结我国人才工作特别是改革开放以来形成的一系列经验与规律，着力探索生成具中国特色的人才研究的基础理论，并将相关成果集结出版，为我国人才研究领域高水平学术成果的创生、汇聚与宣传，为建设具有中国特色和自主话语体系的人才学学科贡献应有的力量。

"人才发展研究文库"主要面向人才工作领域的研究人员、从业者包含政策制定者及管理者、以及相关专业的研究生等群体。"人才发展研究文库"的每一本著作都将从不同的学科视角对人才问题进行深入探讨，并结合实际案例、调查报告、统计数据、意见领袖观点等多方面材料，使读者能够全方位地了解和掌握我国人才战略、人才规划、人才流动、人才集聚、人才培养、人才管理、人才评价、人才激励等多方面的趋势、规律、方法与工具，从而为人才领域的研究与实践提供重要的参考价值。

衷心期待"人才发展研究文库"能够成为我国新时代人才研究领域的一项重要研究成果，积极服务于我国人才工作创新发展的需要，服务于新时代人才强国战略目标的实现。最后，由衷地感谢所有参与"人才发展研究文库"编撰工作的专家学者、编辑和出版人员，"人才发展研究文库"能够顺利出版，离不开大家的共同努力。祝愿读者能够从"人才发展研究文库"中获得实际的帮助和启迪。

吴瑞君

2023 年 5 月于丽娃河畔

# 前　言

改革开放四十余年,人才一直是社会经济发展和知识创新的核心要素,高层次人才是我国科技创新和可持续发展的重要力量。2002 年中共中央和国务院提出实施人才强国战略,强调在培养人才、吸引人才、用好人才等多个环节中加强人才建设和管理。2008 年以"海外高层次人才引进计划"为代表的引才项目,引领海外人才回国发展;各级省级政府配套出台人才引进计划,人才回流趋势明显。与之相关的人才管理问题逐步受到社会和相关管理部门的关注。

本书采用调查问卷和面对面访谈的研究方法,探究改革开放以来海归青年教师首聘期工作满意度的演进、地区差异、影响因素以及驱动机理。从教师的主观感受出发,力求提升高校海外人才管理的效率,稳定人才队伍的建设,充分发挥海归人才的核心竞争力,推动高等教育的国际化发展。本书主要围绕以下问题展开:第一,改革开放以来,高校海归青年教师首聘期工作满意度是如何变化的? 经历了怎样的演进过程? 第二,不同地区的海归青年教师首聘期工作满意度是否存在差异? 如何调整适合于不同地区的人才政策? 第三,海归青年教师首聘期工作满意度的主要影响因素有哪些?第四,如何改善海归青年教师首聘期工作满意度,以及如何激发海归青年教师工作积极性和创新性。

第一章主要阐述高校人才管理与引进的背景和演进过程,以及对人才引进政策的梳理和讨论;第二章对已有相关文献进行综述;第三章界定了海归青年教师的范围、首聘期工作满意度的概念、样本的选择、数据收集和满意度指标的设计等;第四章通过调查问卷的方法,对我国海归青年教师首聘期工作满意度的现状展开分析,包括不同时期的变化趋势、不同地区的差异等;第五章通过计量的方法,对影响海归青年教师首聘期工作满意度的因素进行对比分析,探究主要影响因素的类型和如何起到调节作用;第六章采用访谈的方法,进一步对不同地区、不同时期回国的海归青年教师进行深入访谈,讨论不同地区和不同时期高校在人才引进和管理上映射出的问题和原因,分析其内在的影响机制;第七章结论和建议,对全书的主要观点进行提炼,为改善我国高校海归青年教师首聘期工作满意度的情况提出针对性建议。

本书的主要结论有以下几点:

第一,改革开放以来,海归青年教师首聘期工作满意度一直处于较低的水平。与国外高校教师工作满意度水平和国内高校普通青年教师工作满意度水平相比,海归青年教师首聘期工作满意度水平均较低。2000年以前,青年海归教师对工作性质本身的满意度水平相对较高,但随着时间的推移呈现下降趋势;对工作团队合作和同事间关系的满意度处于中间水平,2014年以后呈现小幅下降;薪酬待遇满意度最低,2008年以前,薪酬待遇满意度远低于其他维度,2008年以后有了明显改善,已呈现稳步提升的趋势,但仍然处于相对较低的水平。

第二,二线城市的海归青年教师总体满意度水平最高,一线城市处于中间水平,新一线城市满意度处于相对较低的水平。具体体现在南京、广州、西安和武汉等新一线城市海归青年教师满意度很低,北京、上海等一线城市的海归青年教师首聘期工作满意度的平均水平高于新一线城市。

第三,回国后的海归青年教师工作适应情况与首聘期工作满意度存在着显著正相关作用。地区或者学校出台的人才项目资助对首聘期工作满意度的正向调节作用,在2013年以后尤为突出,但同时人才政策的支持对教师工作满意度提升具有一定局限性。

第四,基于对海归青年教师的进一步访谈,探究人才政策对海归青年教师工作满意度影响机理,从科研评价制度、职称晋升制度、研究生招收制度、薪酬制度、住房补贴政策等方面调节海归青年教师首聘期工作满意度。此外,需要教师自身适当调整首聘期的工作预期,适应新的组织环境,同时组织需做出适当配合,尊重和支持教师的职业承诺,帮助教师不断提升自身能力,使教师的职业目标与组织目标相匹配。

第五,建议组织层面有待于完善和形成稳定的教师评估机制,及时发现领导风格、职称晋升等方面对教师工作满意度的影响,并做出相应的调整,避免人才流失,同时,合理制定"一人一策"的个性化人才方案。在政府层面,政府需与学校组织相互配合,在实验条件、薪酬待遇、科研经费和生活支持等方面,给予一定的支持,提供长期稳定的人才政策环境,通过工作流程再造和制度创新提升海归教师满意度,形成多级联动的人才培养体系。

本书不足之处在于虽然从多方面分析海归青年教师工作满意度变化的内驱动因素,但随着时间和政策的演进,海归青年教师的需求和教师管理重点在不断地发生变化,故具有一定的局限性。

# 目 录

# 第一章
# 高校人才引进与管理研究的缘起

高校人才战略立足于新时代国家人才强国的战略背景下,顺应国家社会经济发展需要,着力推进创新型高层次、高水平、高质量人才队伍建设。首先,本章梳理了我国人才政策的实施、发展和演进历程;其次,探讨了高校作为高层次人才的聚集地,在国际人才竞争中的现状和未来发展趋势;最后,聚焦高校人才引进和管理制度,提出高校人才队伍建设的新问题和新挑战。

## 第一节 我国人才强国战略实施进程

改革开放以来,我国一直重视国内外人才的建设和培养以促进国家建设发展。随着国际化进程的深化,面对全球人才竞争的加剧,党和国家以积极的态度迎接国际人才市场的挑战。党的十八大提出"广开进贤之路,广纳天下英才",强调"充分利用国内国际人才资源,积极引进和用好海外人才";党的十九大报告中强调加快建设人才强国,聚天下英才而用之。习近平总书记重视国际人才,提出"完善人才引进各项配套制度,构建具有全球竞争力人才制度体系"战略目标[①]。中国人才研究会会长何宪先生认为,构建具有全球竞争力的人才制度体系,将有利于在全球人才竞争中取得优势,推动创新发展,优化国家治理体系,以及促进政府治理能力现代化,具有重要的

---

[①] 张建国.引进用好外国人才[EB/OL].[2018 - 01 - 31].http://theory.people.com.cn/n1/2018/0131/c40531-29796915.html.

理论和现实意义①。

20 世纪 80 年代初,我国改革开放和现代化建设事业刚刚起步,急需各类人才,邓小平将海外引智视为对外开放的重要组成部分。邓小平不仅重视人才的培养,向发达国家派遣留学生,同时积极号召国际人才回国做出贡献。党的十四大和十五大期间,党中央领导首次将人才战略确立为国家战略,并将其纳入国家经济发展的总体规划中,使人才成为国家发展布局中的重要组成部分。这一时期,引进人才的总体思路为充分开发和利用国际人才资源,重点吸引高层次人才,填补特殊领域的紧缺人才,加强科研团队、领军人才引进,形成符合我国阶段性发展的海外人才引进机制。2000 年 6 月,江泽民指出中国政府各部门采取各种措施,为出国留学人员创造更加便利的工作和生活条件,实施更加开放的政策,建立灵活的引才机制②。

党的十六大之后,党中央总揽全局,大力实施人才强国战略。2008 年,中央人才协调小组颁发了《关于实施海外高层次人才引进计划的意见》,"海外高层次人才引进计划"启动,在其带动下,各省市先后实施地方引才计划,与教育部"长江学者计划"、中科院"百人计划"等部委引才计划一起,形成了多层次、相互联动的引才机制。2010 年 4 月,中共中央、国务院印发了《国家中长期人才发展规划纲要(2010—2020 年)》(以下简称《纲要》),《纲要》提出了至 2020 年我国人才战略的总体规划。在海外引才方面,《纲要》指出重点围绕国家发展战略目标,有计划、有针对性地引进突破技术难题、推动高新技术产业、引领新兴学科的科学家和领军人才。

党的十八大之后,习近平总书记高度重视海外引才工作的开放力度,指出新时期比历史上任何时期都更需要广开进贤之路、广纳天下英才,实行更加开放的人才政策,不唯地域引进人才,不求所有开发人才,不拘一格用好人才③。积极主动地引进高层次人才,鼓励优秀人才以各种方式参与中国

---

① 何宪.构建具有全球竞争力的人才制度体系[EB/OL].[2017-06-08].http://theory.gmw.cn/2017-06/08/content_24727337.htm.
② 吴帅.海外人才引进机制与政策研究[M].北京:中国社会科学出版社,2014:12-20.
③ 李洁琼.功以才成,业由才广——习近平的"人才观"[EB/OL].[2016-08-15].http://www.xinhuanet.com/politics/2016-08/15/c_129227315.htm.

现代化建设。

我国海归人才队伍的建设呈现出一定阶段性。本书参考吴帅①、苗丹国②、程希③、张瑾④等学者对我国人才引进阶段的划分,以及借鉴重要引才政策实施的情况,将改革开放以来我国海归人才引进分为四个发展阶段:

第一阶段:1978 年至 1999 年,海外人才引进初步探索阶段。这一期间,我国留学生以公派留学人员为主,出国留学人数不多(图 1 - 1)。20 世纪 80 年代后期,原国家教委为吸引留学人员回国发展,尝试性实施了"优秀青年教师资助计划"。1987 年,国家政府拨款 1 000 万元专项经费,用于对回国留学人员的科研资助。1990 年,西方国家与我国在外留学人才的竞争日益激烈,公派访问学者逾期不归的情况十分严重,原国家教委设立了"留学人员科研启动基金",力求为留学人员回国开展科研提供基本条件。在此阶段,海外引才逐步受到国家的重视,原教委、中科院和国家自然科学基金委等部委部门率先实施了人才引进和奖励的政策,但是政策之间缺乏协调和整合,仍处于初步探索阶段。

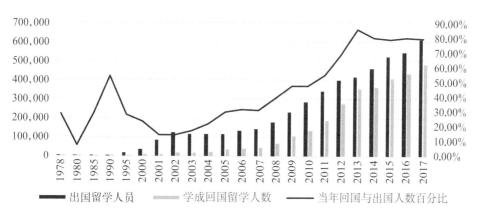

图 1 - 1　1978—2017 年我国留学生出国人数和回国人数统计

资料来源:国家统计局编. 中国统计年鉴 2018[EB/OL]. 2018. http://www.stats.gov.cn/tjsj/ndsj/2018/indexch.htm.

① 吴帅.海外人才引进机制与政策研究[M].北京:中国社会科学出版社,2014:12 - 20.
② 苗丹国.出国留学教育的政策目标——我国吸引在外留学人员的基本状况及对策研究[J].清华大学教育研究,2003,24(2):20 - 28.
③ 程希,苗丹国.出国留学六十年若干问题的回顾与思考(1949—2009 年)[J].东南亚研究,2010(1):79 - 87.
④ 张瑾.我国吸引和有效发挥高端人才作用的对策研究[M].北京:经济管理出版社,2014:12 - 26.

第二阶段：2000 年至 2007 年，海外人才引进体系化发展阶段。2000 年，人事部公开了《关于鼓励海外高层次留学人才回国工作的意见》（简称《意见》），对吸引高层次人才回国做了系统的规定，与前一阶段相比较，逐步向体系化发展。在海归人才的引进和管理规定上，逐步细化，对高层次留学回国的人才在任职条件、薪酬待遇水平、科研经费资助以及住房补贴、家属就业、子女教育等方面均做出了系统性的规定。

第三阶段：2008 年至 2012 年，海外人才引进突破性发展阶段。2008 年，中共中央办公厅转发《中央人才工作协调小组关于实施海外高层次人才引进计划》，由中央组织部、人力资源和社会保障部、教育部、科技部、国资委、中国科学院、外交部、财政部等多个单位组成人才引进小组，负责"海外高层次人才引进计划"的组织领导和统筹协调工作。2010 年，中央人才工作协调小组公布《青年海外高层次人才引进工作细则》，"青年海外高层次人才引进计划"启动。以中央引才政策为指导思想，地方政府陆续发布了地区引才计划，例如，2008 年辽宁省和吉林省发布了地方的"海外高层次人才引进计划"实施办法；2009 年，北京、天津、山东、广东等 15 个省市相继发布引才实施办法；2010 年，河北、浙江、福建等地区也加入大力引进海归人才的行列。在此阶段，国内引才政策迭出，留学回国人数明显增加，吸引了众多留学生回国发展。

第四阶段：2013 年至今，海外人才引进科学化发展阶段。2013 年，习近平总书记在欧美同学会成立 100 周年庆祝大会上强调："党和国家将按照支持留学、鼓励回国、来去自由、发挥作用的方针，把做好留学人员工作作为实施科教兴国战略和人才强国战略的重要任务，使留学人员回到祖国有用武之地，留在国外有报国之门"[①]。新的指导思想体现了对我国新阶段海归人才引进的新理解、新要求和新目标，更加突出了人才发展和管理的整体性、关联性和协调性。这一阶段，引进人才不仅仅体现在人才的引进，同时兼顾人才的"来去自由"，鼓励人才在国内外均可发挥其主观能动性，实现人才环流的利益共享。

---

① 习近平.在欧美同学会成立 100 周年庆祝大会上的讲话[N].人民日报，2013 - 10 - 22(02).

## 第二节　海归人才流动的现状与趋势

在不断开放的人才政策指引下,海归人才规模持续增长,实现了多年来我国人才流失形势的明显转变。据《中国统计年鉴》统计,2009 年留学回国人员首次突破 10 万人,2012 年 27.3 万人,2015 年 40.9 万人,2018 年达到 48 万人[①],见图 1-1。从回国人员年龄分布来看,95%分布在 23 岁到 33 岁之间,中青年是人才流动的主力[②]。其中,不乏一些青年拔尖人才回国发展,例如 30 岁入选首批国家"青年海外高层次人才引进计划"的南京大学王欣然教授[③];28 岁入选国家"青年海外高层次人才引进计划"的武汉大学化学与分子科学学院邓鹤翔教授[④]等。国家出台的一系列人才引进政策为海外青年才俊回国效力提供了良好的发展平台。

在海归人才回流势头向好的大趋势下,高层次人才回流仍存在一些问题。首先,海归博士的比例仍然较小,部分在海外获得博士学位的留学生仍然倾向于留在国外发展。据教育部留学服务中心发布《中国留学回国就业蓝皮书》统计,留学回国就业人员中 9.49%为博士研究生学历[⑤]。2002—2016 年间,我国有 61 783 位从美国获得博士学位的留学生,约有 85%的人选择在美国继续工作和从事研究[⑥]。虽然近年来滞留美国的博士研究生比例呈略微下降趋势,回国比例为 10%左右,但是毕业生规模逐年扩大,2016 年留在美国工作的中国留学生数量为 4 477 人,比 2002 年翻了一倍多[⑦],参见

---

① 国家统计局编.中国统计年鉴 2018[EB/OL].2018.http://www.stats.gov.cn/tjsj/ndsj/2018/indexch.htm.
② 王辉耀,苗绿.中国海归发展报告(2013)[M].北京:社会科学文献出版社,2013:5-18.
③ 刘博智.南京大学电子科学与工程学院教授王欣然:"祖国需要我,我更需要祖国"[EB/OL].[2017-10-16].http://www.moe.gov.cn/jyb_xwfb/moe_2082/zl_2017n/2017_zl51/2017_zl51_06/201710/t20171017_316566.html.
④ 武汉大学.《自然》发表武大邓鹤翔团队合作研究成果[EB/OL].[2015-11-10].https://news.whu.edu.cn/info/1002/44605.htm.
⑤ 中央政府门户网站.大数据描绘"海归"就业路线图——教育部发布《中国留学回国就业蓝皮书 2015》[EB/OL].[2016-03-25].http://www.gov.cn/xinwen/2016-03/25/content_5058433.htm.
⑥ 阎光才.新形势下我国留美高层次人才回国意愿和需求分析[J].苏州大学学报(教育科学版),2016,4(3):79-85.
⑦ National Science Foundation. Survey of Earned Doctorates [EB/OL].[2017-12].https://www.nsf.gov/statistics/2018/nsf18304/survey-description.cfm.

图 1-2。由此可见,在我国出台了一系列旨在吸引海外人才回归政策后,高层次人才滞美的情况从绝对数字上看并没有明显改善,这一问题值得反思。

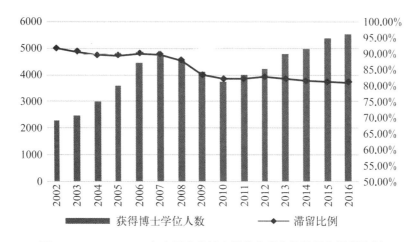

**图 1-2　2002—2016 年中国在美博士学位获得者的数量和滞留比例**

资料来源: National Science Foundation. Survey of Earned Doctorates[EB/OL].[2017-12]. https://www.nsf.gov/statistics/2018/nsf18304/survey-description.cfm。

## 第三节　高校人才引进战略与管理

在我国大力引才的政策环境下,高校作为人才培养基地、集聚人才的战略高地,承担着培养人才、知识创新的历史重任,越来越多的海归高层次人才加入其中。据教育部 2012 年统计数据显示,教育部直属高校中,留学回国人员在校长中占 78%,博士生导师占 63%,国家级、省部级教学、研究基地(中心)、重点实验室主任占 72%[1]。截至 2017 年,上海交通大学专任教师 3 014 人,具有海外博士学位人数 687 人,约占 23%[2]。2016 年和 2017年,浙江大学共引进 366 名教师,其中获得海外博士学位的占 42.2%[3]。清华大学 51 位中国科学院院士中约有 69% 具有海外学习和访学经历,42%

---

① 宿静晗.海归教师授课就是不一样[N].人民日报海外版,2012-12-13(07).
② 上海交通大学.上海交通大学统计数据[EB/OL].2018.https://www.sjtu.edu.cn/sjtj/index.html.
③ 浙江大学.浙江大学统计公报[EB/OL].[2017-04-10].http://www.zju.edu.cn/588/list.html.

获得海外博士学位[①]。北京师范大学 21 位两院院士中约有 39% 具有海外学习和访学经历,15% 获得海外博士学位[②]。

高校人事聘任制度不断改革,部分高校为了重点引进海外青年人才,阶段性出台了人才引进和培养计划,北京航空航天大学出台了"蓝天新秀"人才培养计划,浙江大学管理学院实施"重要岗"招聘计划等。人才项目普遍对应聘者的要求较高,如同济大学"青年百人计划"A 岗位要求申报人年龄一般不超过 40 周岁,并满足以下条件之一:获得中组部"青年海外高层次人才引进计划""青年拔尖人才支持计划"、国家优秀青年科学基金、教育部"长江学者奖励计划"青年学者等。部分高校人才项目资助标准对标国家、省级人才项目,带有国家、省市头衔的申请者可以直接入选,在引才对象的选取上具有重叠性,这使得更多的资源集中在部分海归精英上。与之对比,资历较浅、刚刚在国外获得博士学位的青年学者们,较难获得同样的奖励和待遇。

随着高等教育国际化程度日益增强,高校海归教师队伍将会不断壮大,在海归人才的管理上,会出现一些新问题,面临新挑战。目前已有一些问题逐渐体现出来,部分海归教师再次归海,以及少数教师回国后由于某些原因而做出极端的行为反应等。海归人才在出国留学时经历了留学国家的文化冲击,再返回祖国工作和生活时同样会经历反文化冲击,因此,有待于进一步了解海归人才自身的诉求,加之国内与国外高校管理体制的差别,使得海归教师的工作适应及其满意度具有一定的特殊性。

本书将高校海归青年教师首聘期工作满意度的研究置于我国经济社会发展和高等教育国际化的整体背景之下,通过对海归青年教师首聘期工作满意度的时间、地域,以及影响因素中的异同开展研究,揭示不同因素对工作满意度所起到的积极作用,以期为我国"双一流"人才队伍的建设提供有益的理论基础和实践思路。

---

① 清华大学.清华大学学校基本数据[EB/OL].2018.https://www.tsinghua.edu.cn/publish/newthu/newthu_cnt/about/about-6.html.

② 北京师范大学.北京师范大学著名学者介绍[EB/OL].2017.https://www.bnu.edu.cn/xxgk/zmxz/index.htm.

# 第二章
# 海归青年教师工作满意度：回顾与述评

本章主要围绕高校青年教师工作满意度和海归教师归国适应的相关研究展开文献的梳理工作。首先，梳理高校教师工作满意度的理论基础、影响因素和测量工具以及高校海归教师工作满意度研究的最新动态，在此基础上，归纳海归教师归国适应对工作满意度的影响相关研究，掌握归国适应的相关理论和影响因素，以讨论归国适应与工作满意度之间的相互作用。

## 第一节　高校教师工作满意度
## 研究的基础理论

"激励"一直是西方管理学家、心理学家和社会学家探讨的核心问题之一，工作满意度的研究多数基于组织行为学中的激励理论而展开。教师工作满意度的研究，在工作满意度理论的基础上，根据教师群体和学校组织环境的特点，构建了相应的理论模型。本节重点对海归青年教师首聘期工作满意度研究中涉及的基础理论和理论模型进行梳理和比较讨论。

### 一、双因素理论

赫兹伯格于20世纪50年代提出了双因素理论（*Motivator-Hygiene Theory*），建立了一个系统的关于工作动机内容的理论。双因素理论认为，激发人的动机的因素有两类：保健因素和激励因素。保健因素是预防性的因子,与环境相关,从效果上来讲,保健因素为激励提供了一个理论上的零水平,为激励提供了一个出发点。保健因素包括工作安全、职务地位、与下属的关系、个人生活、与上级、同级的关系等,见图 2-1[①]。激励因素与工作本身或工作内容有关,包括成就感、工作发展、工作本身、责任感、认可等,这些因素如果得到满足,可以使人产生很大的激励,若得不到满足,也不会像保健因素那样引发不满情绪。赫兹伯格认为,由于保健因素的满足不能产生激励的作用,因此,调动人的积极性要在满足保健因素基础上关注激励因素,以达到更好的激励效果,充分调动人的积极性[②],[③]。

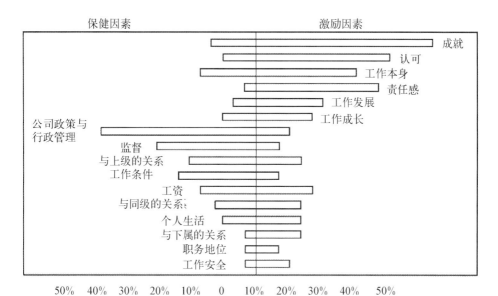

**图 2-1 双因素理论的保健因素和激励因素**

资料来源：李永鑫,李艺敏.学校管理心理学[M].上海：上海社会科学院出版社,2007：92-100.

双因素理论并不是从人的需要出发达到激励的目的,而是对外在需要和内在需要及二者对调动人的积极性方面所起的不同作用进行区分,探讨更有效调动员工工作积极性的方法[④]。在已有研究高校教师工作满意度的

① ［美］弗雷德·鲁森斯著,王垒等译校.组织行为学[M].北京：人民邮电出版社,2003：182-195.
② 李永鑫,李艺敏.学校管理心理学[M].上海：上海社会科学院出版社,2007：92-100.
③ ［美］弗雷德里克·赫茨伯格等,张湛译.赫茨伯格的双因素理论[M].北京：中国人民大学出版社,2016：46-67.
④ 李永鑫,李艺敏.学校管理心理学[M].上海：上海社会科学院出版社,2007：92-100.

研究中,均证实了赫兹伯格理论的主张,科恩对美国 12 所社区大学的 222 名教师工作满意度进行分析讨论,证实了双因素理论[1]。双因素理论被学者应用于 8 个国家教师工作满意度的比较分析[2]。学者谢弗认为赫茨伯格的理论比任何其他关于工作满意度的理论,更推动了工作满意度领域的研究[3]。

然而,双因素理论亦有其相对性和局限性。已有研究发现样本和环境的变化可能会影响对激励因素和保健因素的偏好[4],这表明对于双因素理论的解释并不是很严格。此外,有学者认为工作满意并不等于生产率会提高,由于赫兹伯格没有进一步论证满意感与生产率的关系,因此对双因素的可信性提出了质疑[5]。正是因为双因素理论存在着不足,使得关于双因素理论的贡献的讨论更加具有应用的价值。

## 二、期望理论

期望理论是美国心理学家弗鲁姆 1964 年在其著作《工作与激励》中提出来的[6],与双因素理论中满足内部需求来达到激励的目的不同,期望理论是分析使激励因素起到更大作用的条件[7]。期望理论的模型围绕着效价($Valence$)、工具性($Instrumentality$)和期望($Expectancy$)三个概念构成,又通常被称为 $VIE$ 理论。

$$激励力量 F = \sum 效价 \times 期望$$

$F$ 代表激励力量,弗洛姆将激励力量定义为:推动被激励者做出行动

① Cohen A M. Community College Faculty Job Satisfaction[J]. Research in Higher Education,1974,2(4):369-376.
② Lacy F J, Sheehan B A. Job Satisfaction Among Academic staff: An International Perspective[J]. Higher Education,1997,34(3):305-322.
③ Shaver H C. Job Satisfaction and Dissatisfaction among Journalism Graduates[J]. Journalism Quarterly,1978,55(1):54-61.
④ House R J, Podsakoff P M. Leadership Effectiveness: Past Perspectives and Future Directions for Research. In Hillsdale N J (ed.), Organizational Behavior: The State of the Science[M]. US: Lawrence Erlbaum Associates,1994:45-82.
⑤ 李兴山,刘潮.西方管理理论的产生与发展[M].北京:现代出版社,1999:91-95.
⑥ Vroom V H. Ego-involvement, job satisfaction and job performance[J]. Personnel Psychology,1962,15(2):159-177.
⑦ 李永鑫,李艺敏.学校管理心理学[M].上海:上海社会科学院出版社,2007:92-100.

的力量,即被激励者的动机强度。期望值是被激励者估计经过努力实现目标的概率。效价的定义为:被激励者所预期的结果能带来的满足与否的程度。效价的大小或正负取决于个体的需要,当某一行动的结果符合个体的需求时,个体对预期结果的价值评价就高,就会产生很高的积极性。

期望理论主要贡献在于:一是解释了期望的激励作用;二是提出了工具性,关注激励过程中个人目标和集体目标结合的问题;三是将效价和期望结合起来考虑,避免片面的追求效价的行为。有学者提出了期望理论的不足,认为效价和期望均是人的主观体验,与个人的知识经验和价值观紧密相连,但是过分关注个体的感受评价,有可能与组织的要求不一致,这与激励的初衷不符,不利于组织目标的实现[①]。

### 三、公平理论

社会心理学家亚当斯密对公平理论的提出和发展做出了较大贡献。公平理论认为工作人员在工作环境中感知的公平或者不公平的程度是决定工作满意度的最主要因素。当员工感觉到其所得到的结果和投入之间的比例与其他人对应的比例不相等时,即产生不公平感;当自身得到的结果和投入的比例与其他人相当时,才感觉到平等。具体表述如下:

$$\frac{OP}{IP} = \frac{OC}{IC}$$

其中,$OP$——自己对所获报酬的感觉;$IP$——自己对个人所作投入的感觉;$OC$——自己对他人所获报酬的感觉;$IC$——自己对他人所作投入的感觉。知觉的投入变量一般包括性别、年龄、受教育程度、社会地位、组织中的职位以及个体在工作中的努力程度等;结果主要是由奖励组成,如工资、地位、晋升以及工作中的内在兴趣。理论的核心认为满意的程度不仅仅取决于绝对报酬,更取决于相对报酬。如果个体认为他(她)的结果和投入的比例少于周围的同事,会造成内心的紧张情绪,影响其行为,工作的动机下降[②],并努

---

① 李永鑫,李艺敏.学校管理心理学[M].上海:上海社会科学院出版社,2007:92-100.
② Chen K. Factors Affecting Job Satisfaction of Public Sector Employees in Taiwan[D]. Florida: Nova Southeastern University, 2005:23-73.

力恢复这种公平性①,可能改变自己的投入或者结果,或改变对他人的投入或结果等。

公平理论揭示了人们公平感的激励功能,使人们开始关注公平心态在管理中的重要作用。但这一理论仍然有待进一步深入研究:公平似乎只是一个保健因素,只可以消除人们的不满,而不能起到激励的作用;公平理论的应用,实际操作起来较难,因为公平感是一种主观感受;在实际中,有时自己的不公平感也是激励人们的力量,这与公平理论不相符②。

## 四、教师工作—生活满意度理论

约翰斯鲁德、海克和罗瑟学者提出了教师工作—生活满意度理论框架,其中对工作—生活满意度的评估,包括专业优先权和奖励,行政关系和支持,以及福利和服务的质量等③。学者们应用该理论对 10 所大学教师工作—生活满意度进行了探究,进而验证了该理论的有效性和通用性。2004 年罗瑟对该理论进行进一步完善,并应用美国高等教育研究的数据,分析了全国高等教育教师的工作—生活满意度情况。改进后的理论框架中工作质量受到技术支持、行政支持、学术委员会服务工作和学术专业发展的影响,多维度满意度包括总体满意度、课程工作量、收入和安全等方面的满意度,同时分析职称、性别和民族等对工作—生活满意度影响④,具体关系详见图 2 - 2。2005 年罗瑟对 1993 年和 1999 年不同时期教师工作—生活满意度的影响因素进行了对比分析,建立工作—生活满意度的动态结构模型⑤,见图 2 - 2。波兹曼⑥、拉米雷斯⑦等众多学者在研

① [美]斯蒂芬·罗宾斯.组织行为学[M].北京:中国人民大学出版社,2011:39 - 50.
② 李永鑫,李艺敏.学校管理心理学[M].上海:上海社会科学院出版社,2007:92 - 100.
③ Johnsrud L K, Rosser V J. Faculty Members' Morale and Their Intention To Leave: A Multilevel Explanation. [J]. Journal of Higher Education, 2002, 73(4): 518 - 542.
④ Rosser V J. Faculty Members' Intentions to Leave: A National Study on Their Worklife and Satisfaction[J]. Research in Higher Education, 2004, 45(3): 285 - 309.
⑤ Rosser V J. Measuring The Change in Faculty Perceptions Over Time: An Examination of Their Worklife and Satisfaction[J]. Research in Higher Education, 2005, 46(1): 81 - 107.
⑥ Bozeman B, Gaughan M. Job Satisfaction among University Faculty: Individual, Work, and Institutional Determinants[J]. Journal of Higher Education, 2011, 82(2): 154 - 186.
⑦ Ramirez T J. Factors that contribute to overall job satisfaction among faculty at a large public land-grant university in the Midwest[D]. Iowa State University, Graduate Theses and Dissertations, 2011: 9 - 20.

究不同类型大学教师工作满意度的影响因素时,应用了该理论框架分析各类因素与工作满意度的关系。

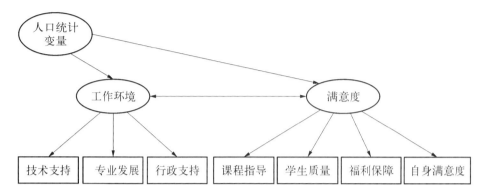

**图 2 - 2　教师工作—生活满意度理论模型**

资料来源: Rosser V J. Faculty Members' Intentions to Leave: A National Study on Their Worklife and Satisfaction[J]. Research in Higher Education,2004,45(3): 285 - 309.

### 五、哈格多恩教师工作满意度理论

哈格多恩在双因素理论的基础上提出了学术教师工作满意度概念框架(见图 2 - 3),对教师工作满意度的构成和影响因素进行了分类,将影响教师满意度的结构分为调节因素(*Mediators*)和触发因素(*Triggers*)两类。调节因素包括激励因素和保健因素,人口计量学变量和环境条件。激励因素和保健因素包括成就、认可、工作本身、责任、薪水等;人口统计学变量包括性别、学科和职称等;环境条件包括同事关系、学生质量等[①]。该理论中触发因素为生活或工作环境的变化,例如转移到新机构,晋级或重大生活事件[②]。在哈格多恩教师工作满意度理论中,亦对工作满意度的效用做出了探讨,阐述了工作满意度高教师会产生欣然接受(*Appreciation*)的反应,更加积极地参与工作和工作效率较高;反之,如果教师工作满意度很低,则会产生脱离组织(*Disengagement*)的消极工作反应,不想参与

---

① Hagedorn L S. Conceptualizing Faculty Job Satisfaction: Components, Theories, and Outcomes[J]. New Directions for Institutional Research, 2000(105): 5 - 20.

② Hagedorn L S. Conceptualizing Faculty Job Satisfaction: Components, Theories, and Outcomes[J]. New Directions for Institutional Research, 2000(105): 5 - 20.

组织活动，没有欲望为组织做出贡献；介于两者之间的是接受和容忍（*Acceptance or tolerance*）。调节因素和触发因素对工作满意度的稳定性起到重要的作用。

| 调节因素 | | | 触发因素 |
|---|---|---|---|
| 激励和保健因素 | 人口统计变量 | 环境变量 | 改变或者转移 |
| 成就 | 性别 | 同事关系 | 生活阶段变动 |
| 认可 | 种族 | 学生质量和关系 | 职称的变动 |
| 工作本身 | 学院种类 | 行政管理 | 转移到新学院等 |
| 责任 | 学科 | 学院环境和文化 | |
| 晋升 | | | |
| 工资 | | | |

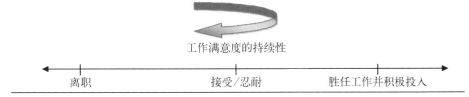

工作满意度的持续性

离职　　　　　　　　接受/忍耐　　　　　　胜任工作并积极投入

**图 2 - 3　哈格多恩教师工作满意度概念框架模型**

资料来源：Hagedorn L S. Conceptualizing Faculty Job Satisfaction: Components, Theories, and Outcomes[J]. New Directions for Institutional Research，2000(105)：5 - 20.

与赫兹伯格的双因素理论相比，哈格多恩教师工作满意度理论补充了工作满意度高低对工作效率的阐述，以及增加了生活阶段变动、工作变动等因素对工作满意度影响的讨论，此外，哈格多恩将保健和激励因素合并讨论，并没有对保健因素和激励因素进行界限的划分。哈格多恩教师工作满意度模型一定程度上弥补了双因素理论的不足。

哈格多恩理论提出后被应用于哈佛大学国际教师工作满意度研究[1]和12个国家高校教师工作满意度的比较研究[2]等。有学者检验了哈格多恩教师工作满意度理论框架是否适用于其他国家，发现该理论适用于美国、英国和澳大利亚，较小程度适用于巴西、加拿大和德国。尽管在解释其余国家

---

① Mamiseishvili K，Lee D. International faculty perceptions of departmental climate and workplace satisfaction [J]. Innovative Higher Education，2018(43)：323 - 338.
② Bentley P J，Coates H，et al. Job Satisfaction around the Academic Word[M]. Netherlands：Springer，2013：1 - 12.

工作满意度变化方面存在弱点，但是该理论具有一定的国际模式。虽然哈格多恩教师工作满意度概念框架对于不同研究对象，其中因素的作用会有所不同，但近几年该理论被国外诸多学者验证和使用，尤其在高校学术教师工作满意度的研究中。

我国很少有学者采用该理论，使用双因素理论的居多。基于以上论述，可以发现哈格多恩教师工作满意度理论更加适用于高校教师工作满意度的研究，但是关于保健因素和激励因素，双因素理论涵盖的内容更加完善，因此，本书综合应用双因素理论和哈格多恩教师工作满意度理论，设计海归青年教师首聘期工作满意度调查问卷，探究海归青年教师首聘期工作满意度及其影响因素。

通过对已有高校教师工作满意度理论基础研究的梳理发现，相关的基础理论较多，双因素理论、公平理论、期望理论等较为成熟，通用性较好。虽然较早的理论基础更加侧重于哪些因素对工作满意度起到影响，后续的研究中，如哈格多恩教师工作满意度理论框架，补充讨论了工作满意度高低所带来的效应，逐步形成了"态度—效应"的理论体系[①]。因此，本书基于已有研究理论而展开调查问卷的设计和海归青年教师首聘期工作满意度的时空差异分析。

## 第二节　高校教师工作满意度影响因素及其测量的研究进展

高校教师工作满意度理论研究表明，工作满意度受到工作或工作环境多维度的影响，很难从单个维度做出合理的解释。据此，国内外的学者对工作满意度的影响因素进行了多方面讨论，以求寻找其关键、核心的要素，进而更有效地提高教师工作满意度。本书对现有较具影响力的观点进行分析整理。

---

① Rosser V J. Faculty Members' Intentions to Leave: A National Study on Their Worklife and Satisfaction[J]. Research in Higher Education, 2004, 45(3): 285-309.

## 一、影响教师工作满意度的个人特征变量

个人特征变量为个体教师或者一部分教师群体特征的统称,已有研究认为影响教师工作满意度的个人特征变量包括性别、年龄、学科、不同学校类型、职称等[1]。根据木书研究问题的特点,一部分海归教师受到政府或者学校人才项目资助,在薪酬待遇、工作环境等方面与未受到人才项目资助的教师产生了一定的差异,为该群体特有的特征,因此,本书进一步分析讨论人才项目资助对教师工作满意度的调节作用。

1. 性别对教师工作满意度影响的研究

性别对教师工作满意度的影响会由于研究对象所在机构的种类不同,而产生不同的作用效果。国外研究发现,大学中女教师工作满意度明显高于男性教师[2];马克卡丹的研究结果则发现女性比男性的工作满意度低,尤其体现在缺少晋升机会方面[3]。我国学者冯伯麟的调查分析表明:女教师的各个因素(包括自我实现、工作强度、工资收入、领导关系和同事关系)上的满意度略低于男教师,但这种差异并不明显[4]。

2. 学科对教师工作满意度影响的研究

有学者发现日本社会科学领域的教师工作满意度较低[5]。在加拿大由于政府对自然科学、工程和卫生等领域的拨款资助为人文社科学科的 3.5 倍,影响了人文社会学科教师的总体工作满意度[6]。我国学者发现理工科教师在领导管理、薪酬福利等方面的满意度较低[7]。

---

① 魏文选.中国若干所大学教师工作满意度的实证研究[D].上海:华东师范大学,2006:6-10.
② Ahmed I, Nawaz M, Iqbal N, Ali I, Shaukat Z, Usman A. Effects of motivational factors on employees job satisfaction a case study of university of the Punjab [J]. International Journal of Business and Management, 2010, 5: 70-80.
③ Markandan R. Some factors affection the satisfaction and dissatisfaction of selected school teachers in the federal territory[D]. K.L.: Malaya, 1984: 22-64.
④ 冯伯麟.教师工作满意及其影响因素的研究[J].教育研究,1996(2):42-49.
⑤ Bentley P J, Coates H, et al. Job Satisfaction around the Academic Word[M]. Netherlands: Springer, 2013: 149-152.
⑥ Bentley P J, Coates H, et al. Job Satisfaction around the Academic Word[M]. Netherlands: Springer, 2013: 1-12.
⑦ 李思思.高校理工科类和人文社科类教师工作压力和工作满意度的比较研究[D].长沙:湖南师范大学,2015:5-22.

3. 不同学校类型对教师工作满意度影响的研究

国外的学者对公立大学和私立大学[1]，以及两年制和四年制的社区大学，农村社区大学[2]等机构的教师工作满意度进行了对比讨论分析。我国学者对不同学校类型，"985"高校、"211"高校、民办高校等青年教师的职业认同、教学工作和学术科研等方面进行了对比分析，研究发现民办高校科研平台和薪资待遇等方面较差[3]，"985""211"高校教师科研能力和科研产出均高于其他高校[4]。

4. 年龄对教师工作满意度影响的研究

赫兹伯格发现工作满意度在工作开始时比较高，然后下降，接着又随着年龄的增长而提高，呈现一种 U 形的趋势[5]。克拉克研究证明了赫兹伯格的观点，工作满意度与年龄存在着 U 的关系[6]。我国学者冯伯麟的研究发现教师年龄越高，在自我实现、工资收入和同事关系等方面的满意度越高[7]。张忠山和吴志宏研究认为教师工作满意度随年龄上升而提升[8]。

5. 职称对教师工作满意度影响的研究

周艳丽和周珂研究发现，职称与整体工作满意度间的关系呈倒山峰形状，中级教师工作满意度与高级职称的教师差异显著，初级职称的体育教师的整体工作满意度最低[9]。朱新秤和卓义周认为青年教师随着职称的提升，总体职业满意度水平呈上升趋势[10]。学者李志英研究发现助教和无职称的教师的满意度高于讲师与副教授，到正教授时各个方面的得分又有所升高，呈现 U 字型的趋势[11]。

---

① Volkwein J F, Parmley K. Comparing Administrative Satisfaction in Public and Private Universities[J]. Research in Higher Education，2000，41(1)：95 - 116.

② Johnson M L. Significant factors influence overall-faculty satisfaction at public 2-year colleges[D]. Phoenix, Arizona：University of Phoenix，2010：49 - 63.

③ 赵妍.陕西高校青年教师师德建设研究[D].西安：西安工程大学，2018：25 - 35.

④ 石修.高校教师科研绩效评价满意度及其影响因素研究[D].武汉：华中农业大学，2018：1 - 10.

⑤ [美]弗雷德里克·赫茨伯格等,张湛译.赫茨伯格的双因素理论[M].北京：中国人民大学出版社,2016：46 - 67.

⑥ Clark A E, Oswald A J, Warr D. Is job satisfaction U-shaped in age? [J]. Journal of Occupational and Organizational Psychology，1996，69(1)：57 - 82.

⑦ 冯伯麟.教师工作满意及其影响因素的研究[J].教育研究,1996(2)：42 - 49.

⑧ 张忠山,吴志宏.校长领导行为与教师工作满意度关系研究[J].心理科学,2001,24(1)：120 - 121.

⑨ 周艳丽,周珂.河南省高中体育教师工作满意度现状的调查研究[J].广州体育学院学报,2003,23(4)：53 - 55.

⑩ 朱新秤,卓义周.高校青年教师职业满意度调查：分析与对策[J].高等教育研究,2005(5)：56 - 61.

⑪ 李志英.高校教师工作满意度研究[D].上海：华东师范大学,2011：1 - 20.

6. 人才项目资助对工作满意度影响的研究

享受人才项目资助的教师在科研经费、工作条件、薪酬待遇等方面均会得到相应的资助[1]。人才项目入选者不仅可以得到分配资源,同时,它也外溢至学科、高校等层面,成为相关组织重要发展的目标之一[2]。虽然目前没有研究明确指出,人才项目对教师工作满意度的提升起到直接影响的作用,但是受到资助的教师作为人才项目的既得利益者,从中获得了较高的薪酬待遇、较好的工作条件,其总体工作满意度可能会受到积极影响。有学者指出人才项目的资助分割了学术劳动力市场竞争[3],入选者与未入选者形成了明显的"强—弱"对比,如此一来,未入选的海归教师回国后工作适应相对较差[4],其工作满意度的情况亦需要进一步分析讨论。

## 二、影响教师工作满意度的激励因素和保健因素

根据赫兹伯格的双因素理论内容,激励因素包括成就、认可、工作本身、责任和升迁等,改善这一类因素可以给予员工工作上的激励,提升其对工作的满意感,有利于充分、持续地调动员工的积极性。弗奥蒂诺认为激励因素包括工作本身、成就、认可和成长[5];杰森研究中提到激励因素包括成就、认可、工作本身、机遇、责任和成长[6];杰波恩和弗克认为激励因素包括工作本身、教学和学术发展等[7]。本书通过对现有文献进行整理与汇总,将工作本身、成长发展和自我实现作为影响工作满意度的激励因素。

工作本身,指引起工作情绪变化的与实际工作相关的因素,包括工作的多样性、挑战性、自主性和灵活性等,其中也包含了工作的责任和职权,承担工作责任而感到满足,或者缺乏责任而对工作没有满意感或有负面情绪。陈云

---

① 徐凤辉,王俊.中国高层次青年人才项目实施现状分析[J].教育科学文摘,2018(3): 7 - 9.
② 蔺亚琼.人才项目与当代中国学术精英的塑造[J].高等教育研究,2018,39(11): 6 - 17.
③ 谢冬平.人才项目嵌入与高校学术劳动力市场状态审视[J].高校教育管理,2017(6): 47 - 52.
④ 朱佳妮."学术硬着陆": 高校文科青年海归教师的工作适应研究[J].复旦教育论坛,2017(3): 87 - 92.
⑤ Fiorentino L M. Job satisfaction among faculty in higher education[J]. Dissertation Abstracts International, 1999, 60 (02): 356.
⑥ Johnson M L. Significant factors influence overall-faculty satisfaction at public 2-year colleges[D]. Phoenix, Arizona: University of Phoenix, 2010: 49 - 63.
⑦ Jabnoun N, Fook C Y. Job Satisfaction of secondary school teachers in Selangor, Malaysia[J]. International Journal of Commerce and Management, 2001, 11(3/4): 72 - 91.

英、孙绍邦和于辉等研究发现工作本身对教师工作满意度起到主要的影响作用[①]。谢钢对江苏理工大学的 108 名教师工作满意度进行分析，发现高校教师在职业投入感、工作性质等方面的感受对工作满意度产生积极的作用[②]。

成长发展，通常包含两方面内容，一方面为职称或者职位的提升，另一方面为能力的提升，能力的提升指专业技能或知识的增加，或者新技能的取得。弗鲁姆[③]、斯密斯和肯德尔[④]、周丽超[⑤]、云鹏[⑥]等学者研究发现成长发展对工作满意度具有积极的影响。

自我实现，即满足自我需求，实现个人理想、抱负、发挥个人能力的需要，以及完成与自己的能力相称事情的需要，其中包括创造力、自觉性等。弗兰德研究指出影响工作满意度的三大因素：社会及技术环境因素（工作条件、人际关系等）、被人承认因素（工资、责任、晋升等）和自我实现因素（个人能力可以得到发挥）[⑦]。冯伯麟研究发现教师在自我实现方面的满意度较高，即使在工作辛苦、收入低下的情况下，教师对工作中的自我实现仍表现出积极的倾向[⑧]。

与激励因素相对应的是保健因素，与工作环境或条件相关的因素，包括工作条件、人际关系、个人生活、领导监督等。这一类需要得不到基本满足时，会导致员工不满，甚至挫伤其积极性；反之，满足这些需要则能防止员工产生不满情绪。杰波恩和弗克认为保健因素包括工资、教师间关系、教师与学生间关系和领导管理等[⑨]，亦有研究认为还包括技能水平、工作条件等[⑩]。

① 陈云英,孙绍邦.教师工作满意度的测量研究[J].心理科学,1994(3)：146‐149.

② 谢钢.高校青年教师不稳态心理浅析与对策[J].江苏大学学报：社会科学版,1999(2)：22‐24.

③ Vroom V H. Ego-involvement, job satisfaction and job performance[J]. Personnel Psychology, 1962, 15(2)：159‐177.

④ Smith P C, Kendall L M, Hulin C L. The measurement of satisfaction in work and retirement：A strategy for the study of attitudes[M]. Chicago：Rend McNally, 1969：153‐190.

⑤ 周丽超.高校教师工作满意度的研究[J].天津电大学报,2004,8(1)：35‐39.

⑥ 云鹏.地方高校教师工作满意度影响因素研究——基于对河南省八所高校的调查[J].教育理论与实践, 2010(33)：42‐45.

⑦ Friedlander F. Underlying sources of job satisfaction[J]. Journal of Applied Psychology, 1963, 47(4)：246‐250.

⑧ 冯伯麟.教师工作满意及其影响因素的研究[J].教育研究,1996(2)：42‐49.

⑨ Jabnoun N, Fook C Y. Job Satisfaction of secondary school teachers in Selangor, Malaysia[J]. International Journal of Commerce and Management, 2001, 11(3/4)：72‐91.

⑩ Weiss H M. Deconstructing job satisfaction：Separating evaluation, beliefs and affective experiences[J]. Human Resource Management Review, 2002, 12 (2)：173‐194.

明尼苏达调查问卷涉及的保健因素包括政策、领导管理、同事、监督、工作条件等[①]。基于以上梳理，将工作条件、个人生活、人际关系和薪酬待遇等方面作为影响工作满意度的保健因素。

工作条件，通常是指工作的环境、工作量的大小以及工作所需的设备等。撒普研究发现工作条件是影响员工工作满意的主要因素[②]。与此相类似，威弗和威奥特在一项全国范围内的调查中发现，工作条件对工作满意的影响不大，但是对工作不满意的影响程度较大[③]。

个人生活，通常是指工作上的某一方面影响了个人生活，进而成为员工工作态度的影响因素。例如，如果工作地点发生改变，员工与家人不得已随之搬家而引起的不满情绪，可以被归为个人生活因素。同样，如果由于工作原因造成了其他家庭问题，算作此类。杰森认为个人生活中影响工作满意度的方面有生活阶段的变化、家庭或个人情况的变化、工作地点转移到另一个机构，以及心情或情绪状态的改变等[④]。哈格多恩认为这些方面对工作满意度的作用相当于触发器，对工作满意度产生影响，使得员工逐步接受或宽容，或者脱离组织[⑤]。

人际关系，主要包括三种类别：与上级的关系、与下属的关系以及与同僚的关系。与上级的关系，指与上级关系是否和谐、主管是否支持该员工的工作、主管是否愿意听取该员工的建议等；与下属的关系，指下属是否愿意配合其工作、关系是否和谐等；与同僚的关系，指是否能够与同事合作、作为群体中一部分没有被孤立等。积极的人际关系对于工作满意度、合作团队和相互依赖至关重要[⑥]。当工作环境中的人际关系破裂时，个人、工作团队和组织受损，将影响团队绩效和组织目标[⑦]。

---

① ［美］菲尔德著，阳志平，王薇，王东升，宋珉译.工作评价-组织诊断与研究实用量表［M］.北京：中国轻工业出版社，2004：6 - 30.

② Tharp M. Turnover and mobility at small daily newspaper［J］. Newspaper Research Journal，1991，12(1)：76 - 90.

③ Weaver D H，Wilhoit G C. The American Journalist in the 1990s：U.S. News People at the End of an Era［M］. Mahwah，N J.：Lawrence Erlbaum Associates，Publishers，1996：231 - 233.

④ Johnson M L. Significant factors influence overall-faculty satisfaction at public 2-year colleges［D］. Phoenix，Arizona：University of Phoenix，2010：49 - 63.

⑤ Hagedorn L S. Conceptualizing Faculty Job Satisfaction：Components，Theories，and Outcomes［J］. New Directions for Institutional Research，2000(105)：5 - 20.

⑥ ［美］詹姆斯·柯林斯，杰里·波勒斯.基业长青［M］.北京：中信出版社，2009：98 - 109.

⑦ Morrow L J，Hansen M H，Pearson A W. The cognitive and affective antecedents of general trust within cooperative organizations［J］. Journal of Management Issues，2004，16：48 - 64.

薪酬待遇是指工资收入、补贴、奖金、养老保险等金钱类收入和其他福利待遇，以及对未来加薪的预期。陈研究发现为了提高员工工作满意度，应制定完善的福利待遇体系，包括基本工资、分红、养老储蓄金计划、医疗保险等，良好的福利体系能够进一步提高员工的生产率[①]。肯特研究发现较高的福利待遇可以对员工的工作表现起到激励的作用，同时对其工作态度有直接影响[②]。伊斯梅尔等学者研究发现当员工认为薪酬是足够的，其工作满意度较高[③]。

基于已有教师工作满意度理论和相关文献，本书梳理归纳了上述几个方面的教师工作满意度影响因素，见表 2-1。不同研究对象工作满意度影响因素的构成会有所差异，同时，某一影响因素的作用程度也会有所变化，因此，本书需进一步探究海归青年教师首聘期工作满意度影响因素构成和各个影响因素对工作满意度的作用情况。

表 2-1　教师工作满意度影响因素的理论基础与文献对应表

| 理论基础 | 维度 | 对应文献 |
| --- | --- | --- |
| 双因素理论—保健因素 | 工作条件 | *Herzberg*，1959；*Vroom*，1962；*Friedlander*，1963；*Smith*，1969；*Tharp*，1991；*Weaver&Wilhoit*，1996；陈卫旗，1998；诸葛伟民，2001；李稚琳，2003；周丽超，2004；李非凡，2008；云鹏，2010；赵叶珠，2011；陈纯槿，2017 |
| 双因素理论—保健因素 | 个人生活 | *Herzberg*，1959；*Hackman*，1974；*Johnson*，1999；*Hagedorn*，2000；诸葛伟民，2001 |
| 双因素理论—保健因素 | 领导监督 | *Herzberg*，1959；*Vroom*，1962；*Friedlander*，1963；*Smith*，1969；*Yukl*，1989；*Tsai*，2001；冯伯麟，1996；陈卫旗，1998；李稚琳，2003；蒲晓宁，2006；胥兴春，2012 |
| 双因素理论—保健因素 | 人际关系 | *Herzberg*，1959；*Vroom*，1962；*Friedlander*，1963；*Smith*，1969；*Rosser*，2005；冯伯麟，1996；陈卫旗，1998；诸葛伟民，2001；李稚琳，2003；周丽超，2004；蒲晓宁，2006；李非凡，2008；云鹏，2010；赵叶珠，2011；胥兴春，2012；李欢欢，2015 |

① Chen K. Factors Affecting Job Satisfaction of Public Sector Employees in Taiwan [D]. Florida：Nova Southeastern University，2005：23-73.
② Kanter R M. From status to contribution：Some organizational implications of the changing basis for pay[J]. Personnel，1987，64：12-37.
③ Ismail A，Mohamed A B，Norashikin S H，Ahmad Z S，Girardi A，Muhammad B A. Relationship between performance based pay，interactional justice and job satisfaction：A mediating model approach [J]. International Journal of Business and Management，2011，6(11)：170-180.

续　表

| 理论基础 | 维度 | 对应文献 |
| --- | --- | --- |
| 双因素理论—保健因素 | 薪酬待遇 | *Herzberg*，1959；*Vroom*，1962；*Friedlander*，1963；*Smith*，1969；*Hackman*，1974；*Costigan*，1998；*Morrow*，2004；*Rosser*，2005；冯伯麟,1996;陈卫旗,1998;诸葛伟民,2001;李稚琳,2003;周丽超,2004;蒲晓宁,2006;李非凡,2008;云鹏,2010;胥兴春,2012;何根海,2013;李欢欢,2015 |
| 双因素理论—激励因素 | 工作本身 | *Herzberg*，1959；*Vroom*，1962；*Friedlander*，1963；*Smith*，1969；*Hackman*，1974；*Rosser*,2005;冯伯麟,1996;陈卫旗,1998;诸葛伟民,2001;李稚琳,2003;蒲晓宁,2006;李非凡,2008;云鹏,2010;赵叶珠,2011;胥兴春,2012;何根海,2013;李欢欢,2015 |
| 双因素理论—激励因素 | 成长发展 | *Herzberg*，1959；*Vroom*，1962；*Friedlander*，1963；*Smith*，1969；周丽超,2004;李非凡,2008;云鹏,2010;何根海,2013 |
| 双因素理论—激励因素 | 自我实现 | *Herzberg*，1959；*Porter*，1968；*Friedlander*，1963；冯伯麟,1996;陈卫旗,1998;周丽超,2004;蒲晓宁,2006 |

注：相关文献的具体信息详见文末参考文献。

### 三、教师工作满意度的测量量表类型和特征

依据满意度维度的划分,评估工作满意度的方法分为单一整体评估法和工作要素总和法两个类型。单一整体评估法是被调查者对其工作状况的总体感受。调查者通常以"你对自己的工作满意吗?"的方式提问,被调查者从"非常满意""比较满意""一般""比较不满意"和"非常不满意"中选择符合自己感受的总体评价。此种方法可以较为简单、直接地获得被调查者对工作满意度的整体评价。但是工作满意度的内涵丰富且复杂,此种方法无法深层次分析不同工作满意度状态下组织管理中存在的具体问题,不利于管理者进行针对性的调整和改进管理工作[①]。

工作要素总和评分法是采用多维度对工作满意度的各个方面进行评估和打分的方法,从多角度测量工作满意度。其中,被较多学者应用于各个领域的量表有如下几种:

明尼苏达问卷(*Minnesota Satisfaction Questionnaire*，MSQ)是学者维

---

① 李志英.高校教师工作满意度研究[D].上海：华东师范大学,2011：1-20.

斯 1967 年基于赫兹伯格的双因素理论设计的，将变量分为内在变量和外在变量。明尼苏达问卷又分为长式问卷和短式问卷两种。长式问卷包含 100 道题，短式问卷为 100 道题中的 20 道题目，其中 12 道题目为内在变量量表，8 道题目为外在变量量表。量表中题目的设置采用的是李克特 5 点式量表。坎贝尔评价明尼苏达问卷是测量工作满意度最普及的测量工具[①]。工作描述指数量表（*Job Descriptive Index*，JDI）最初是由斯密斯等编制的，基于 72 道题目评估了工作满意度的五个方面，分别是工作本身（*work itself*）、报酬（*pay*）、晋升（*opportunities for promotion*）、上级（*supervision*）和同事（*coworkers*）[②]。JDI 问卷在各种组织人群中进行了 1 600 多项研究验证，并且内部有效性和可靠性不断得到证实[③]。JDI 问卷被认为是较早编制的较可靠和较有效的工作满意度问卷之一[④]。自其编制以来，不断有学者应用和改进，俄亥俄州立大学的教授罗兹诺夫斯基增加了一些额外的模块，来测量公司内部的满意度、技术和环境[⑤]。此外，JDI 问卷在不断更新，并且不断获得证明，具有一定的有效性和可靠性[⑥]。工作诊断调查量表（*Job Diagnostic Survey*，JDS）是由哈克曼编制的，该量表测量了员工的整体满意度和特定方面的工作满意度[⑦]。JDS 采用李克特 7 点式量表，分为四个部分：工作维度（*job dimensions*）、心理维度（*psychological states*）、对工作的积极回应（*affective responses to the job*），和成长需求强度（*growth needs strength*）。JDS 被用于评估各个行

① Chen K. Factors Affecting Job Satisfaction of Public Sector Employees in Taiwan [D]. Florida: Nova Southeastern University, 2005: 23 - 33.

② Smith P C, Kendall L M, Hulin C L. The measurement of satisfaction in work and retirement: A strategy for the study of attitudes[M]. Chicago: Rend McNally, 1969: 153 - 190.

③ Balzer W K, Kihm J A, Smith P C, Irwin JL, Bachiochi P D, Robie C. Parra LF. Users' manual for the Job Descriptive Index (JDI; 1997 revision) and the Job in General (JIG) scales[M]. Bowling Green, OH: Bowling State University, 1997: 25 - 49.

④ Smith P C, Kendall L M, Hulin C L. The measurement of satisfaction in work and retirement: A strategy for the study of attitudes[M]. Chicago: Rend McNally, 1969: 153 - 190.

⑤ Roznowski M. An examination of the measurement properties of the Job Descriptive Index with experimental items[J]. Journal of Applied Psychology, 1989, 74: 805 - 814.

⑥ Spector P E. Job satisfaction: Application, assessment, causes, and consequences[M]. Thousand Oaks, CA: Sage, 1997: 9 - 43.

⑦ Hackman J, Oldham R, Greg R. The Job Diagnostic Survey: An Instrument for the Diagnosis of Jobs and the Evaluation of Job Redesign Projects[J]. Affective Behavior, 1974: 4 - 87.

业、各种职业员工工作满意度,如大学雇员[1]、精神卫生专业人士[2]、精神科医师[3]等。工作满意度问卷(*Job Satisfaction Survey*,*JSS*)是由斯佩克特基于双因素理论编制的,由 36 道题组成,描述了工作满意度的 9 个方面,包括报酬(*pay*)、晋升(*promotion*)、管理者(*supervision*)、利益(*fringe benefits*)、偶然奖励(*contingent rewards*)等。问卷采用李克特 6 点式量表[4]。JSS 问卷用于教育、制造、医疗、心理健康、护理、执法、零售、私营和公共部门以及社会服务行业员工工作满意度的测量[5][6]。

19 世纪 90 年代开始,美国政府、社会组织、企业和大学为了及时掌握高校教师工作满意度的情况,建立了较全面的高等教育教师工作满意度评估系统,主要的调查问卷如表 2 - 2 所示。

表 2 - 2 美国高校教师工作满意度测量量表

| 调查问卷名称 | 发布机构 | 起始年份 | 调查指标 | 使用的机构 |
| --- | --- | --- | --- | --- |
| 美国高校教师调查 | 美国教育统计中心 | 1987—2004年 | 学术背景、教学职责、工作量和工作满意度等 | 960 个公立和私立高校 |
| 诺尔莱夫兹大学雇员满意度调查 | 诺尔莱夫兹高等教育公司 | 1973 年 | 校园文化和政策、制度目标、参与规划和决策、工作环境和人口统计变量等 | 超过 1 000 所高校 |
| 高等教育纪事大学员工工作调查 | "纪事报"和现代思索公司 | 20 世纪 70年代 | 工作满意度/支持、环境、专业发展、薪酬福利等 | 多所大学 |

---

[1] Liu C,Spector P E,Liu Y,Shi L. The interaction of job autonomy and conflict with supervisor in China and the United States:A qualitative and quantitative comparison[J]. International Journal of Stress Management,2011,18(3):222 - 245.

[2] Pedrini L,Magni L R,Giovannini C,Panetta V,Zacchi V,Rossi G,et al. Burnout in nonhospital psychiatric residential facilities[J]. Psychiatric Services,2009,60:1547 - 1551.

[3] Kumar S,Fisher J,Robinson,E,Hatcher S,Bhagat R N. Burnout and job satisfaction in New Zealand psychiatrists:A national study[J]. The International Journal of Social Psychiatry,2007,53:306 - 316.

[4] Spector P E. Job satisfaction:Application,assessment,causes,and consequences[M]. Thousand Oaks,CA:Sage,1997:29 - 43.

[5] Armer T T. Science teachers:factors that affect job satisfaction[D]. US. Minneapolis:Capella University,2011:26 - 33.

[6] [美]菲尔德著,阳志平,王薇,王东升,宋珉译.工作评价-组织诊断与研究实用量表[M].北京:中国轻工业出版社,2004:6 - 30.

续　表

| 调查问卷名称 | 发布机构 | 起始年份 | 调查指标 | 使用的机构 |
|---|---|---|---|---|
| 高等教育雇员工作调查 | 德克萨斯大学 | 1979 年 | 吸引人才的要素、战略规划和自主学习和员工敬业度等 | 超过 125 个机构 |
| 员工工作环境评估调查 | 北加利福尼亚大学 | 1986 年 | 体制结构、监督关系、团队合作、学生重点和人口统计学变量等 | 超过 120 个机构 |
| 盖洛普 Q12 调查问卷 | 盖洛普公司 | 1999 年 | 留任、利润、效率和工作满意度等 | 多行业、多企业 |

资料来源：各测量量表官方网站公布信息整理。

美国高校教师调查是由美国教育统计中心设计和实施的，对全国范围内高校教师工作情况进行的调查。目前已进行四轮调查，1987—1988 年度、1992—1993 年度、1998—1999 年度和 2003—2004 年度。其调查内容包括就业性质、专业学术背景、教学职责和工作量、学术活动、工作满意度、收入和人口统计指标。1998—1999 年度的调查覆盖了 960 个公立和私立非营利学位授予高等院校，大约向 28 600 名教师和教学人员发了问卷，完成了约 18 000 名教师和教学人员问卷回收和调查，机构调查的答复率为 93%[①]。

诺尔莱夫兹大学雇员满意度调查（*Noel-Levitz College Employee Satisfaction Survey*，*CESS*），是由诺尔莱夫兹高等教育公司设计编制的，该公司为 1973 年成立的全国性组织，专门为高等院校开展调查，以帮助评估高校管理战略规划的优势和弱点。该问卷的设计，基于大量的市场调查而形成，公司聘用逾百名高校专家对问卷进行分析和维护，逾千所大学选择该问卷对大学员工的工作满意度进行了解和分析。大学员工满意度调查包括 5 个方面的 74 个项目，包括校园文化和政策、制度目标、参与规划和决策、工作环境和人口统计学，其中还包涵评估整体满意度等问题。对于每个

---

① NSOPF Design. National Study of Postsecondary Faculty［EB/OL］.［2018 - 02 - 20］. https://nces. ed. gov/surveys/nsopf/design. asp.

题项,需要被访者将重要性和满意度用五个等级衡量,从非常重要到不重要,从非常满意到不满意。问卷中包含开放式问题,教师有机会提供与每个主题领域相关的详细反馈。据网上公布的大学教工满意度报告显示,2010年以后该问卷被较多大学所采用①。

高等教育纪事大学工作调查(*Chronicle of Higher Education's Great Colleges to Work For Survey*)是由"纪事报"和现代思索公司(*Modern Think*)共同资助对大学教师工作情况分析的调查,同时现代思索提供购买报告或咨询服务。问卷包括 78 个 5 点式量表项目、15 个人口统计学问题和 2 个开放性问题,测量指标包括工作满意度/支持、环境、专业发展、薪酬福利、工作/生活平衡、设施、资源和效率等。在美国每年有较多的大学参与该项调查,其中包括约翰布朗大学、芝加哥大学、南加州大学②等。

高等教育雇员工作调查(*Higher Education Survey of Employee Engagement*, HESEE)是由德克萨斯大学开发的对大学雇员展开工作情况调查的测量工具。该问卷在过去 30 年间,已被超过 125 种不同类型的组织使用,数十万名员工参与调查③。该问卷包括个人基本信息和 48 个调查问题,采用 6 点式量表。该问卷关注的指标包括值得留住优秀人才的要素、战略规划、自主学习和员工敬业度等。

员工工作环境评估调查(*Personal Assessment of the College Environment*, PACE)是由北加利福尼亚大学教育学院编制的,主要测量教师对学校工作环境的满意度。调查采用 5 点式量表,调查内容共有 46 个项目,主要分为四个维度:体制结构、监督关系、团队合作和学生焦点,其中还包括 8 个人口统计学问题和 2 个开放性问题④。

盖洛普 *Q12* 调查问卷(*Gallup Q12 Survey*),通过对 12 个不同行业、24家公司的 2 500 多个经营部门开展调查,对 105 000 名不同公司的员工态度

---

① College Employee Satisfaction Survey [EB/OL]. 2018. https://www. ruffalonl. com/complete-enrollment-management/enrollment-management-consulting/higher-education-market-research/college-employee-satisfaction-survey.

② Great colleges to work for 2017 [EB/OL]. 2017 - 07 - 17. http://www. chronicle. com/interactives/greatcolleges17.

③ Survey of Employee Engagement [EB/OL]. 2017. https://survey. utexas. edu/survey-of-employee-engagement/.

④ Survey Instrument[EB/OL].2017. https://nilie.ncsu.edu/nilie/pace-survey/survey-instrument/.

进行分析讨论,总结归纳了 12 个最能反映员工的留任、利润、效率和员工满意度等指标的关键问题①。2014 年弗吉尼亚大学和 2015 年翰霍普金森大学在评测教师工作满意度时,均购买了该问卷。

综上所述,目前美国民办企业和大学院校自行设计的大学雇员工作满意度测量量表种类较多,多数沿用了之前学者们设计的 5 点式、6 点式和 7 点式量表。在测量指标选择上,与经典理论双因素理论大致相吻合,一些量表增添了指标,如学生对教师工作的影响、员工工作环境评估调查等因素。同时,各个测量工具在不同经济背景下,会根据现实问题而做出一定的调整。美国对工作满意度测量量表的测试和研发相对成熟,一定程度上具备了适用于测量全国高校教师工作满意度的测量量表。

与国外相比较,国内关于教师工作满意度研究所采用的测量量表,多数依托国外相关工作满意度的问卷与量表,如工作描述量表、明尼苏达满意度量表等,在其基础上依据国内高校教师的特点对部分项目进行了修改。王志红、蔡久志在参考明尼苏达满意度问卷的基础上,对拟调离或已离职的教师进行了深度访谈和个案分析,提出了六个维度的工作满意度量表②。袁凌、谢赤等在部分参考和借鉴陈云英、孙绍邦编制的《教师工作满意度调查问卷》③的基础上自编了问卷,把工作满意度分为工作环境与条件、工作本身、薪酬待遇、进修与提升等六个维度④。冯伯麟采用李克特 5 点式量表,编制了教师工作满意度调查问卷,其中包括自我实现、薪酬待遇、工作强度等五个方面,衡量教师工作满意度的情况⑤。该问卷被较多学者采用和参考,黄家群应用冯伯麟的调查问卷对西藏地区教师进行职业满意度情况调查分析⑥;杨震青采用该问卷对上海教师进行了问卷调查等⑦。余晓飞依据工作描述量表,结合对上海海归教师的访谈结果,编制了海归教师工作满意度问

① Gallup Q12 Survey[EB/OL].2017.https://q12.gallup.com/Purchase/en-us/cart.
② 王志红,蔡久志.大学教师工作满意度的测量与评价[J].黑龙江高教研究,2005(2):77 - 79.
③ 陈云英,孙绍邦.教师工作满意度的测量研究[J].心理科学,1994(3):146 - 149.
④ 袁凌,谢赤,谢发胜.高校教师工作满意度的调查与分析[J].湖南师范大学教育科学学报,2006,5(3):103 - 106.
⑤ 冯伯麟.教师工作满意及其影响因素的研究[J].教育研究,1996(2):42 - 49.
⑥ 黄家群,米娜,马慧芳,马海林.西藏地区小学教师职业满意度调查[J].贵州师范大学学报:自然科学版,2015,33(3):36 - 41.
⑦ 杨震青.中青年骨干教师工作满意度调查与对策初探[J].上海教育科研,2007(4):57 - 58.

卷,其中包括物质和精神回报、成长与发展、工作支持、学术支持、工作群体、管理和文化以及工作本身等维度①,该问卷虽然较全面地对海归教师多维度满意度进行了测量,但是未能考虑海归教师由于其海外学习经历回国后的再适应问题。

国内教师工作满意度量表的编制仍然处于借鉴国外量表为主、结合国内教师特点探索的阶段,与国外已有成熟基础理论和完善量表体系相比,我国尚没有形成大规模、系统的对教师工作满意度进行测量的统一量表,也缺少相应体系。因此,通过对国内外教师工作满意度调查测量工具对比分析,明确了对全国范围内海归青年教师群体工作满意度调查量表的需求,为本书量表的设计做好准备和提供理论依据。

## 第三节  海归青年教师首聘期工作满意度研究的述评

目前尚未有研究同时聚焦"海归青年教师"和"首聘期"工作满意度进行分析,因此,本书分别梳理"高校青年教师工作满意度""高校教师首聘期工作满意度"和"海归教师工作满意度"的相关研究,作为讨论海归青年教师首聘期工作满意度的参考依据。

### 一、高校青年教师工作满意度研究述评

《工蜂:大学青年教师生存实录》一书曾引起了社会对青年教师生存状况的广泛关注,揭示青年教师科研教学任务重、压力大,收入不高的生存现状②。部分学术研究持有类似观点,例如纪巍调查了天津五所高校的青年教师工作满意度现状,发现青年教师工作满意度不高,并依据不同方面满意度不足,提出了激励措施③。同时有研究表明部分地区高校青年教师工作

---

① 余晓飞.基于工作满意度视角的高校"海归"教师人力资源管理政策研究——以上海高校"海归"教师为例[D].上海:复旦大学,2009:5-20.
② 廉思.工蜂:大学青年教师生存实录[M].北京:中信出版社,2012:3-10.
③ 纪巍.高校青年教师工作满意度样本分析及激励策略[J].经济研究导刊,2010(15):251-253.

满意度较为可观,例如黄峰对江西省高校青年教师职业满意度进行了评测,发现满意度较高[1]。在高校青年教师影响因素方面,薪资待遇、晋升制度等影响程度较大,满意度较低[2]。余承海和姚本先以安徽高校青年教师为调查对象,通过非正式个人访谈对安徽省高校青年教师的工作满意度进行研究,发现在工作与报酬上,民办高校青年教师的工作满意度显著低于公办高校青年教师,而在职称晋级、对上级领导与同事的认知上,二者之间不存在显著差异[3]。职业爱好和专业兴趣、专业发展、社会认同等也是影响青年教师工作满意度的主要因素[4][5]。张祎以甘肃省的 10 所普通高校作为代表,对在职 40 周岁以下的青年教师做了问卷调查,研究发现青年教师的总体满意度相对较高,办公条件、人际关系、所教学生水平和学校的地位与声望满意度较高,学术环境和工资收入、待遇和福利满意度较低[6]。程娇和翟伯晨等采用调查问卷法对首都体育学院 45 岁(不含)以下青年教师工作满意度进行了分析,发现总体工作满意度较好,但收入与福利满意度处于一般水平[7]。

综上所述,青年教师面临较大的职称晋升压力、教学科研压力,且存在工作条件和人际关系等问题,同时不同地区、不同类型的高校青年教师工作满意度存在着一定差异。已有研究发现江西[8]、甘肃[9]等地青年教师工作满意度情况较好,天津地区的青年教师工作满意度情况较差[10]。目前,鲜有研究对全国范围不同地区、不同类型的青年教师工作满意度情况进行对比分析,因此,本书力求克服已有研究局限,对全国范围内不同地区、不同种类高

① 黄峰.江西省高校青年教师职业满意度研究——以 H 大学为例[D].南昌：江西师范大学,2012：12-20.
② Saba I. Measuring the Job Satisfaction Level of the Academic Staff in Bahawalpur Colleges[J]. International Journal of Academic Research in Business and Social Sciences. 2011, 1(1)：1-8.
③ 余承海、姚本先.高校青年教师工作满意度研究——以安徽省为例[J].扬州大学学报(高教研究版),2011(1)：56-59.
④ 朱新秤,卓义周.高校青年教师职业满意度调查：分析与对策[J].高等教育研究,2005(5)：56-61.
⑤ 高鸾,陈思颖,王恒.北京市高校青年教师工作满意度及其主要影响因素研究——基于北京市 94 所高校青年教师的抽样调查[J].复旦教育论坛,2015,13(5)：74-80.
⑥ 张祎.高校青年教师收入状况及工作满意度研究——基于对甘肃省 10 所高校教师的调查[D].西安：西北师范大学,2014：13-25.
⑦ 程娇,翟伯晨,申力,戴纬.体育类高校青年教师培训需求和实效性研究[J].人力资源管理,2017(6)：2.
⑧ 黄峰.江西省高校青年教师职业满意度研究——以 H 大学为例[D].南昌：江西师范大学,2012：12-20.
⑨ 张祎.高校青年教师收入状况及工作满意度研究——基于对甘肃省 10 所高校教师的调查[D].西安：西北师范大学,2014：13-25.
⑩ 纪巍.高校青年教师工作满意度样本分析及激励策略[J].经济研究导刊,2010(15)：251-253.

校海归青年教师工作满意度的情况做出对比分析。

## 二、高校教师首聘期工作满意度研究述评

首聘期为近年高校在推行人事制度改革后所采用的术语,可以理解为首次聘任岗位的期限,高校教师首聘期为高校首次聘任教师所签署合同的期限。本书梳理了首聘期及其相近概念工作初期或者入职初期工作情况的相关研究。

首聘期和入职初期的高校教师具有较好的知识技能、思维活跃、教育教学具有热情和创造性等特征,同时在其阶段会遇到工作环境不适应、教学经验不足、教学压力、科研压力等困难[1],进而导致工作效率降低、工作质量难以保障的问题[2][3]。教师在工作初期面临角色的转换,由学生转换为教师,成为独立的教学工作者,转换的过程会产生负面情绪、焦虑等困扰,影响工作的效率[4]。与国外对教师入职初期的培训相比,如日本的"新教师导师制"、新西兰"新教师咨询指导计划"等[5],我国高校在教师工作初期相关培训和对教师的关怀等方面仍有很多改进空间。综合来看,已有研究对教师入职初期的特点、遇到困难和工作状况等进行了一定的讨论,但是缺乏较全面和系统的、多层次的原因分析。

## 三、高校海归教师工作满意度研究述评

目前对海归教师工作满意度研究还很有限。徐笑君通过对上海 10 所高校海归教师开展调查后发现,海归教师对工作的总体满意度不高[6]。李广旭以上海某高校某老师为例,对高校海归教师职业不适应问题进行分析,研究发现该海归教师在科研、人际关系以及学校管理环境等方面都不适应,这也直接影响到教师的工作状态[7]。张东海和袁凤凤基于对部分高校青年

---

① 姚红玉.新教师专业发展的趋势与策略[J].教师教育研究,2005,17(6):20-23.
② 唐习华.加强高校新教师入职初期的职业生涯管理[J].江苏高教,2009(6):128-129.
③ 谢轩.高校首聘期考核对青年教师发展的影响——以 S 大学为例[D].上海:上海师范大学,2022:55-60.
④ 冯莎.新教师入职适应的影响因素及对策[J].教学与管理,2016(15):59-61.
⑤ 张彩霞.新教师入职初期适应现状及对策研究[D].大连:辽宁师范大学,2010:5-24.
⑥ 徐笑君."海归"教师工作满意度调查分析[J].人力资源,2009(21):35-37.
⑦ 李广旭.高校"海归"教师职业不适应问题的研究——以上海某高校 M 老师为例[D].上海:华东师范大学,2013:52-57.

海归教师的访谈研究发现,海归教师认为我国当前学术体制与环境总体趋向合理,但是在学术发表、职称评聘、项目申请等方面仍然存在着一些问题[1]。朱佳妮研究发现影响文科青年海归教师工作适应的影响因素有学缘关系、同事支持等[2],而且海归教师对其自身的科研评价不高[3]。关于海归教师研究仍需从高层次人才逐步向普通海归教师和青年海归教师群体普及,扩大样本量进行系统的研究。

通过以上对我国高校教师工作满意度研究的梳理发现,已有研究聚焦到高校女性教师、高校体育教师、海归教师等群体工作满意度,但目前聚焦海归青年教师的研究较少,有待于进一步对其工作适应、工作压力、工作环境等方面给予分析和讨论。同时已有研究围绕北京市、上海市、湖南省、黑龙江省、辽宁省、湖北省以及部分经济欠发达地区等区域的高校教师工作满意度展开了研究,但鲜有研究进行时空差异的比较。已有研究侧重于"因素—态度",即工作满意度的影响因素与满意度高低的作用关系,解释哪些因素会对态度产生影响,鲜有研究对影响因素的机理做更详细的说明。因此,本书尝试性地对不同地区、不同时期的海归青年教师工作满意度情况做出对比分析,并从高校教师管理制度的视角,探究影响因素对工作满意度的作用机理,即讨论"因素—制度—态度"的传导机制,在已有研究基础上做出一定的延伸。

## 第四节　归国适应对海归教师工作
## 满意度的影响述评

与高校普通教师相比,海归教师这一群体回国后面临的主要问题之一为重返文化适应[4]。闫燕研究发现海归知识员工回国后的压力主要来源是

① 张东海,袁凤凰.高校青年"海归"教师对我国学术体制的适应[J].教师教育研究,2014(5)：62-67.

② 朱佳妮."学术硬着陆"：高校文科青年海归教师的工作适应研究[J].复旦教育论坛,2017,15(3)：87-92.

③ 朱佳妮,吴菡.一流大学建设高校海归教师科研表现自我评价的调查分析[J].高等教育研究,2018(12)：55-60.

④ Eland A. Seeking Best Practices for Career Services to International Students [R]. University of Minnesota, 2016：6-16.

陌生环境的不确定,尤其对工作组织环境不了解,很好地适应组织环境可以帮助教师熟悉工作内容和有效地完成工作[1]。由此可见,相对于一般教师工作满意度研究,还应考虑海归人才重返母国所面临的归国适应问题,以便全面系统地分析海归青年教师首聘期工作满意度。

归国适应(*Reentry Adjustment*)一般认为是在跨文化适应(*Intercultural Adjustment*)、文化冲击(*Cultural Shock*)和逆向文化冲击(*Reverse Cultural Shock*)研究的基础上展开的。当重新回到母国文化环境时,由于预知环境会出现差异,可能产生逆向文化冲击的影响会比进入新文化所遇到的冲击更大[2]。逆向文化冲击一般指海归人员再融入母国文化时,重新适应和调整的过程[3],或是将其描述为归国者回国后再适应过程中碰到的困难,包括学业问题、文化身份的冲突、社会退缩、抑郁、焦虑和人际问题等[4]。长期居住在国外的人,由于受到国外文化对其价值观、行为模式和思维方式的影响,重返母国后,"新"的母国文化环境使其受到逆向文化冲击,为了能够更好地适应母国文化而做出的人际关系和行为上的调整,即为归国适应[5]。亦有学者将归国适应定义为"在海外长期居住、受其他文化影响的人回到母国的文化中后,在行为上和心理上重新适应的一系列的经历和行为"[6]。我国学者闫燕将归国适应看作是个体回国后对国内文化的心理感受和认同感,它体现出个体回国后对国内环境的心理舒适程度[7]。综合来看,逆向文化冲击可以被理解为归国者回国后再适应过程中所遇到的困难,归国适应为海归人员回到母国,在经历逆向文化冲击时,对文化、人际交往、生活

① 闫燕.海归知识员工组织支持感和主动性人格对组织承诺的影响研究[D].成都:西南财经大学,2012:102-180.
② Cox J. The impact of information and communication technology on cultural reentry adjustment[D]. Texas A&M University, 2001: 56-92.
③ Alder N J. Re-entry: Managing cross-cultural transitions[J]. Group and Organization Studies, 1981, 6(3): 341-356.
④ 赵青.归国适应的构成维度、影响因素及其与工作满意度的关系研究——基于上海市"海归"员工的实证研究[D].上海:华东师范大学,2010:7-50.
⑤ Black J S. Mendenhall M, Oddou G. Toward a comprehensive model of international adjustment: An integration of multiple theoretical perspectives[J]. Academy of Management Review, 1991, 16: 291-317.
⑥ Westwood M J, Lawrence W S, Paul D. Preparing for re-entry: a program for the sojourning student[J]. International Journal for the Advancement of Counselling, 1986, 9: 221-230.
⑦ 闫燕.海归知识员工组织支持感和主动性人格对组织承诺的影响研究[D].成都:西南财经大学,2012:40-97.

环境、工作等方面做出的适应与调整，使其达到心理愉快和自我满意的过程。

归国适应的影响因素大致可以分为个体变量、工作变量、组织变量和非工作变量[1]。个体变量包括在国外逗留的时间、出国的目的，其中还包括人际交往能力、婚姻状况等因素。在海外生活时间越长，对个体价值观产生影响的可能性越大，新的价值观的形成，很可能与母国文化产生冲突，影响其归国的适应程度[2]。因此，与普通教师工作满意度影响因素相比，本书还应考虑国外生活时间对海归教师归国适应产生的影响。工作变量包括学习能力、沟通能力等。不同个体学习新文化、人际交往的沟通能力等，将影响其适应新环境的状态。已有研究发现，自美国外流人员返美后，7％认为获得的工作是晋升的职位，多于75％的人认为回国后工作相比国外是降级的职位，回国后面临着工作自主权的减少、职业规划的偏离和生产力下降的问题[3]。归国工作前，对归国工作的地位和工作角色的冲突抱有合理的预期将有助于归国后的适应。组织变量包括组织支持、归国培训等，积极的组织支持有助于归国人员适应工作环境，同时有助于归国人员与组织内成员的合作[4]。非工作变量包括文化距离、居住条件、家庭和社会网络[5]等。其中文化距离为母国文化与留学国家文化的相似与差异，文化距离越相近，即宿主国家的文化与母国文化之间越相似，社会文化适应水平越高[6]；反之文化距离越大，学习新文化的技能也越难掌握[7]。通过对文献的梳理，汇总归国适应影响因素如下表 2 - 3 所示。

[1] MacDonald S M. The repatriation experience and adjustment strategies of employees returning to Canada：A qualitative interpretive study[D]. Alberta：The university of Calgary，2000：24 - 54.

[2] Black J S，Gregersen H B，Mendenhall M E，Stroh L K. Globalizing people through international assignments[M]. Menlo Park，CA：Addison-Wesley Publishing Company，1999：210 - 233.

[3] MacDonald S M. The repatriation experience and adjustment strategies of employees returning to Canada：A qualitative interpretive study[D]. Alberta：The university of Calgary，2000：24 - 54.

[4] Black J S，Gregersen H B，Mendenhall M E，Stroh L K. Globalizing people through international assignments[M]. Menlo Park，CA：Addison-Wesley Publishing Company，1999：210 - 233.

[5] Sussman N M. Testing the Cultural Identity Model of the cultural transition cycle：Sojourners return home [J]. International Journal of Intercultural Relations，2002，26(4)：391 - 408.

[6] Ward C，Bochner S，Furnham A. The psychology of culture shock[M]. Sussex：Routledge. 2001：128 - 132.

[7] Furnham A，Bochner S. Social difficulty in a foreign culture：an empirical analysis of culture shock. In S. Bochner (ed.)，Cultures in contact：studies in cross-cultural interactions[M]. Oxford：Pergamon. 1982：161 - 198.

表 2 - 3　归国适应影响因素归纳表

| 理论起源 | 概念框架 | 理论前提 | 影响适应的因素 |
|---|---|---|---|
| 社会心理理论 | 跨文化个体经历阶段性的情绪变化来适应新的环境 | 生活变化本质上是心理变化引起的 | 个人变量,如个人性格特点、海外生活时间等;情绪控制、社会支持等适应因素 |
| 社会技能和人际行为理论 | 跨文化个体需要学习相关的社会技能,以便适应新环境中可能涉及的群体间关系的变化 | 社会互动是组织性和技能性的表现 | 文化学习变量,如新文化、语言或沟通能力的知识、文化距离等 |
| 社会认同理论 | 跨文化交流中可能涉及文化认同和群体间关系的变化 | 身份认同的改变是跨文化个体的根本问题 | 认知变量,如文化相似性、文化认同、母国的日常生活规范等 |

资料来源：MacDonald S M. The repatriation experience and adjustment strategies of employees returning to Canada：A qualitative interpretive study[D]. Alberta：The university of Calgary, 2000：24 - 54；Sussman N M. Testing the Cultural Identity Model of the cultural transition cycle：Sojourners return home[J]. International Journal of Intercultural Relations, 2002，26(4)：391 - 408.

　　国外学者研究发现归国人员的工作满意程度与他们在国外所学到的技能和经验是否能够在回国后得以发挥和应用有关[1],同时归国后的工作适应与工作职责的改变程度有关[2]。麦克唐纳研究发现与其类似,若归国后的工作性质与其在国外的工作性质差别不大,则有利于其归国适应[3]。萨斯姆对 113 位从日本回归到美国的教师的归国适应进行分析,研究发现若教师对留学国家的文化认同增强且对母国文化认同减弱,则会导致其回归母国后的适应困难;全球认同感越强,则回国后生活、工作满意度越高[4]。此外,归国人员与新同事建立新的社交关系后,可以弥补原社交网络断失的不适应情绪[5]。

---

① Briody E K，Baba M L. The discovery of coupled and decoupled systems [J]. American Anthropologist, 1991，93(2)：44 - 322.

② Feldman D C，Thomas D C. Career management issues facing expatriates[J]. Journal of International Business Studies，1992，23(2)：93 - 271.

③ MacDonald S M. The repatriation experience and adjustment strategies of employees returning to Canada：A qualitative interpretive study[D]. Alberta：The university of Calgary，2000：24 - 54.

④ Sussman N M. Testing the Cultural Identity Model of the cultural transition cycle：Sojourners return home[J]. International Journal of Intercultural Relations，2002，26(4)：391 - 408.

⑤ MacDonald S M. The repatriation experience and adjustment strategies of employees returning to Canada：A qualitative interpretive study[D]. Alberta：The university of Calgary，2000：24 - 54.

已有研究表明归国适应对工作满意度的影响是显著的，且呈现正向积极的关系，归国适应水平越高工作满意度越高[1]，同时归国适应的影响因素同样对工作满意度产生一定的影响[2]。赵青在分析上海海归员工工作状态时，发现归国适应与工作满意度呈现正向积极的关系，归国适应可以被分为四个维度，各个维度的适应水平越高会导致归国适应总体得分越高，进而工作满意度越高[3]。对相关机构和组织来说，提高海归员工的归国适应水平有利于提高他们的工作满意度，对进一步提高其工作绩效和组织绩效具有正向调节作用。

---

[1] Lee H W, Liu C H. An examination of factors affecting repatriates' turnover intentions[J]. International Journal of Manpower, 2013, 28(2): 122-134.

[2] Fenwick M S, Cieri H D, Welch D E. Cultural and Bureaucratic Control in MNEs: The Role of Expatriate Performance Management[J]. Management International Review. 1999: 12-43.

[3] 赵青.归国适应的构成维度、影响因素及其与工作满意度的关系研究——基于上海市"海归"员工的实证研究[D].上海：华东师范大学,2010：7-25.

# 第三章
# 海归青年教师首聘期工作满意度：概念与测量

　　本章主要对书中的核心概念进行了解释和界定，以及介绍了海归青年教师首聘期工作满意度调查问卷的设计依据。首先，解释了海归青年教师、首聘期和教师工作满意度的含义和研究范畴，在此基础上，确定了调查对象和核心调查内容，进而设计了海归青年教师工作满意度调查问卷。随后，通过邮件的方式开展调查，初步分析了海归教师的基本信息和分布特征，为后续讨论海归青年教师工作满意度和影响因素奠定了基础。

## 第一节　海归青年教师首聘期的概念

### 一、海归青年教师

　　关于高校教师的界定。广义的高校教师包括教学人员、研究人员、教学辅助人员，以及行政管理人员、后勤服务人员等，都可以统称为"高校教师"[1]。本书研究对象聚焦高校教师从事教学科研岗位的教师，教学科研岗位通常分为三类：教学型、科研型、教学兼科研型岗位[2]；从职称上来看，包括教授、副教授、讲师等，其中包括研究员、副研究员等，均属于本书的研究对象，但不包括高校行政和管理人员和后勤保障人员等。例如，武汉大学将教师岗位分为：科研为主型、基础教学型、教学科研并重型三个岗位类型。

①　王金友，蒲诗璐，王慧敏，李妮.高校教师岗位分类管理刍议——国外一流大学的经验和我国高校的实践[J].四川大学学报(哲学社会科学版)，2014(2)：127 - 136.
②　蔡蕾.综合改革背景下的高校师资分类评价体系——以上海交通大学为例[J].现代教育，2015(11)：12 - 13.

复旦大学以教学为主的教师中又细化岗位设置分为"高级讲师"和"正高级讲师"岗位①，这些岗位类型教师均在本书范围之内。因此，本书研究对象是从海外留学归国的教学科研岗位教师。

关于青年的界定。李光奇在《"青年"年龄划分与标准管见》中将青年期分为低、中、高三个阶段，其中14—18岁为低龄青年，18—28岁为中间层次青年，28—40岁为大龄青年②。教育部"高校青年教师奖"自1999年4月启动实施，将优秀青年教师的年龄限定在35岁以下，为了从整体上遴选出在教学、科研两方面均取得显著成绩的获奖者，教育部2003年将优秀青年教师的年龄限制放宽至自然科学类不超过40周岁，社会科学类不超过45周岁。黄峰在对江西省高校青年教师职业满意度研究中，对青年教师的标准界定为40周岁及以下③。高鸢、陈思颖等人在研究北京市高校青年教师工作满意度时，选取标准为35周岁及以下④。马秀敏在高校青年教师职业幸福的调查研究中，将年龄标准限定在40周岁及以下。综上所述，本书将海归青年教师的年龄限定在40周岁及以下。由于本书围绕海归青年教师首聘期的工作满意度分析，研究对象的筛选标准为从海外回到国内任教时的年龄在40周岁及以下，对其现在年龄无限定。

关于海归的界定。"海外高层次人才引进计划"引进的海外人才，一般要求在海外取得博士学位⑤。"青年海外高层次人才引进计划"中引进海归人才的限定标准为"申报时具有连续36个月以上的海外科研工作经历，并已取得博士学位"。"留学回国人员科研启动基金"由国家教育部设立，其资助对象的标准为具有博士学位，在外留学一年以上。余晓飞对高校海归教师的界定是"在高校教师队伍中，获得国（境）外学士（含）以上学位人员；或在国内获得大学本科（含）以上学历或中级（含）以上专业技术职务任职资格，并到国（境）外高等院校、科研机构等进修一年（含）以上取得一定成果的

① 李锋，尹洁.国内高校教师分类评价现状、问题及对策研究[J].高教学刊,2016(6)：79-80.
② 李光奇."青年"年龄划分与标准管见[J].青年研究,1994(5)：7-8.
③ 黄峰.江西省高校青年教师职业满意度研究——以H大学为例[D].南昌：江西师范大学,2012：5-20.
④ 高鸢，陈思颖，王恒.北京市高校青年教师工作满意度及其主要影响因素研究——基于北京市94所高校青年教师的抽样调查[J].复旦教育论坛,2015,13(5)：74-80.
⑤ 余晓飞.基于工作满意度视角的高校"海归"教师人力资源管理政策研究——以上海高校"海归"教师为例[D].上海：复旦大学,2009：12-15.

访问学者或进修人员"。张东海对 17 位高校青年海归教师的访谈研究中，海归教师大部分在欧美发达国家留学并获得博士学位，同时进入国内高校就职的时间在五年之内[①]。余广源对海归教师的限定为在海外获得博士学位，包括在港澳台获得博士学位的教师，仅访问、交流、联合培养或者做博士后的不计入海归教师[②]。参考已有政策和学术研究对海归教师的界定，由于访问、交流、联合培养等留学人员在国外求学或工作时间较短，或者在国内获得博士学位后再出国做博士后的留学人员对国内高校的学习和工作环境较熟悉，这几类海归教师不是本书主要研究群体，本书聚焦在境外获得博士学位且在境外生活时间在三年以上（含三年）的高校教师。

综合海归、青年、高校教师相关概念论述，海归青年教师的限定范围为在境外获得博士学位且在境外生活时间在三年以上（含三年），回国任教时年龄在 40 周岁及以下的高校教学科研岗位教师。

## 二、首聘期

首聘期是近年高校或者用人单位推行人事制度改革后，在招聘教师、教职工人员时所采用的术语，通常被认为是首次聘任岗位的期限，高校教师首聘期为高校首次聘任教师所签署合同的期限。目前，国内部分高校与海归青年教师首次签订工作合同任期尚不统一。例如，厦门大学在教师聘任规定中表明，各类岗位和各级职务受聘教师与学校签订聘用合同，中、初级职务教师聘期为 3 年[③]；上海交通大学专业技术和职员职级岗位聘任的首聘期为 3 年[④]；上海财经大学教师岗位聘任制度中规定第一个组织任期期限为 6 年；河北师范大学引进高层次人才的第一个组织任期期限为 3 年[⑤]；华中科技大学专任教师第一个组织任期期限为 6 年[⑥]。通过查找我国数个高校人事处聘任制度发现，有些高校为 3 年，有些高校为 6 年，大多在 3—6 年

---

① 张东海,袁凤凤.高校青年"海归"教师对我国学术体制的适应[J].教师教育研究,2014(5)：62 - 67.

② 余广源,范子英."海归"教师与中国经济学科的"双一流"建设[J].财经研究,2017(6)：52 - 65.

③ 林强,罗俊峰,曾天从.高校教师聘任制度改革新探[J].中国高校师资研究,2014(2)：41 - 49.

④ 上海交通大学关于 2014 年度岗位聘任工作的通知[EB/OL].[2014 - 07 - 24].http://hr. sjtu. edu. cn/info/1047/2472.htm.

⑤ 我校为首聘期内的博士学历教师发放人才引进补贴[EB/OL].[2017 - 04 - 20].http://www.hebtu.edu.cn/a/2017/04/12/20170412111615.html.

⑥ 华中科技大学招聘启事[EB/OL].[2017 - 02 - 23].http://employment.hust.edu.cn/03/1301.jhtml.

范围之内。

根据归国适应的相关理论，海归青年教师回国初期通常会经历逆向文化冲突，大多数人在重返母国时情感上的兴奋期持续不到一个月，在第二个月和第三个月后，情绪上的低点会随之下降，一年以后情绪上能够趋于平稳[1]，也有研究表明适应期是一个持续的过程，其观测期应与组织任期一样长[2]，朱睿基于教师社会化的时期，将入职初期界定为 3 年[3]，刘泽蓉在探究教师实现从新手型向熟手型的转变的过程时，将入职初期界定为 3 年[4]，李曼对知识女性员工入职初期的研究中，将其界定在入职 3 年以内[5]，耿敏在对新手教师入职初期教学困扰的调查分析中，将入职初期界定为 3 年[6]，综合来看适应期为 1 到 3 年。

兼顾不同学科的情况，如文科、社会科学类研究周期较长，在界定首聘期时间跨度时需统一不同学科相互比较标准。此外，由于一些研究对象已经回国很多年，对首聘期工作满意度的情况进行回顾性评价，若时间段较短，回顾难度较大，因此，本书关于首聘期的界定范围为工作任期前三年（含三年）。

### 三、教师工作满意度

关于工作满意度的定义大致可以分为三类：一类为综合型定义（*Overall Satisfaction*），即工作满意度是一个单一的概念，员工能够将其在不同工作构面上的满足与不满足予以平衡，形成统一的判断[7]。第二类为期望型定义（*Expectation Discrepancy*），是指在工作环境中预期获得价值与实际获得价值的差距，例如员工比较薪酬、工作环境等方面组合的期望与

---

[1] Adler N J, Bartholomew S. Managing globally competent people [J]. Academy of Management Executive, 1992, 6(3): 52 - 65.

[2] Yang J T. Antecedents and consequences of job satisfaction in the hotel industry[J]. Journal of Hospitality Management. 2010, 29 (4): 609 - 619.

[3] 朱睿.幼儿园男教师入职初期管理策略研究[D].成都：四川师范大学，2011：3 - 5.

[4] 刘泽蓉.中学生物教师入职初期专业成长的现状和策略研究[D].长沙：湖南师范大学，2016：4 - 6.

[5] 李曼.知识女性入职初期继续教育参与障碍研究[J].高等继续教育学报，2017,30(1)：44 - 61.

[6] 耿敏.中小学新手教师入职初期教学困扰的调查分析[J].天津师范大学学报(基础教育版),2014,15(4)：35 - 38.

[7] Kalleberg A L. Work Values and Job Rewards: A Theory of Job Satisfaction[J]. American Sociological Review. 1977, 42(1): 124 - 143.

实际薪酬、工作环境等方面组合后，得出对工作满意度的评价。满足程度由个人认为应该获得的与其真正获得的二者差异所决定，若差距愈小，则满意度愈高，反之，差距愈大，则满意程度愈低①。斯嘉皮罗②、康姆③认为工作满意度是个人对工作所持有的一种态度，态度的高低取决于工作中所得的报酬和实际报酬间的差距。第三类为参考架构性定义（Frame of Reference），是指对工作各个维度的认识评价和情感反应，也称结构性定义或要素定义④，这种观点认为工作满意度是一个较为复杂的系统，强调对工作满意度构成维度的感受和评价，其中包括情境因素、工作本身、人际关系和个人自身的特点等，即员工对工作的多维度情感反应。综合已有研究观点，工作满意度通常是指个人对于工作上的情感度或取向，员工在心理上、生理上，对工作环境与工作本身的满意度感受，也就是员工对工作情景的主观反应⑤。

基于工作满意度的定义，一些学者将教师工作满意度描述为教师在不同的情况下依然坚守在自己工作岗位的稳定态度⑥，亦有学者将教师工作满意度描述为教师对自己工作的自我评估，以及对工作质量的看法⑦。此外，有学者认为教师整体工作满意度，即为教师对其工作情况的综合评价⑧。我国学者对海归教师工作满意度进行分析时，将其定义为海归高校教师根据以往经验和价值判断对其工作本身、工作报酬和工作相关环境的整体性感受和情感性反应⑨。不同研究者根据研究问题的导向，从多角度

① Porter L W, Lawler E E. Managerial Attitudes and Performance[D]. Homewood：Richard D. Irwin, Inc. 1968：150 - 173.
② Scarpell F, Vandenberg R. The importance of occupational and career views to job satisfaction attributes[J]. Journal of Organizational Behavior. 1992, 13(2)：125 - 140.
③ Comm C L, Mathaisel D F. Assessing employee satisfaction in service firms：an example of higher education [J]. The Journal of Business and Economic Studies. 2000, 6(1)：43 - 53.
④ 李志英.高校教师工作满意度研究[D].上海：华东师范大学,2011：10 - 15.
⑤ Hoppock R. Job satisfaction[M]. New York：Harper & Brothers Publishers，1935：10 - 27.
⑥ Ahmed I, Nawaz M, Iqbal N, Ali I, Shaukat Z, Usman A. Effects of motivational factors on employees job satisfaction a case study of university of the Punjab[J]. International Journal of Business and Management，2010，5：70 - 80.
⑦ Armour S Y. An assessment of human resource professionals'job satisfaction[D]. Minneapolis：Capella University，2014：92 - 104.
⑧ Johnson M L. Significant factors influence overall-faculty satisfaction at public 2-year colleges[D]. Phoenix, Arizona：University of Phoenix，2010：49 - 65.
⑨ 余晓飞.基于工作满意度视角的高校"海归"教师人力资源管理政策研究——以上海高校"海归"教师为例[D].上海：复旦大学,2009：80 - 89.

定义了教师工作满意度的含义，但是目前而然工作满意度理论不能解释人的差异，一个人或团体对工作的要求，通常不同于另一个人或团体所想要的，这也是促使更多学者持续研究这一概念的原因[①]，仍然需要持续的研究与探讨。

此外，已有研究对工作满意程度的评价多数是对一个时间截点的工作满意度的综合判断、与预期获得价值的对比满意程度判断和工作的各个构成面的认识评价和情感反应。为衡量不同年代归国青年教师的首聘期工作满意度，即对过去某一时间段工作满意度的评价，与前人论述的工作满意度含义有两方面不同：一方面不是时间截点上的工作满意度判断，而是一个时间段内（回国工作前3年）的综合评价；另一方面不是被调查人员当时的工作满意度，而是需要被调查者回忆过去的满意度，是对过去满意度的评价，将首聘期工作体验与之后经历比较以后做出的经验型认识评价。

将对工作满意度含义的理解用时间轴的形式表现出来，期望型定义见图3-1，P代表现在（present），为被调查的时间截点，普通海归教师在这一时间截点的工作满意度评价受回国前、甚至出国前对归国工作价值期待的影响，是与预期的工作环境、薪酬水平等比较后做出的工作评价。不同年代归国教师的首聘期工作满意度属于经验型定义，见图3-2，不仅受到回国前对工作状态预期的影响，同时受之后工作经历的改变，包括晋升、工作岗位的变化以及现在工作状态的多重影响，在经过预期的对比和经验性总结后，对某一时间段的工作情况，包括工作环境、薪资水平、工作本身等做出的综合认识评价和情感反应。

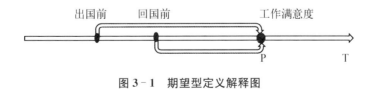

图3-1　期望型定义解释图

---

① Faleh A，As'ad H. Measuring the effect of academic satisfaction on multi-dimensional commitment：A case study of applied science private university in Jordan[J]. International Business Research，2011，4：153-160.

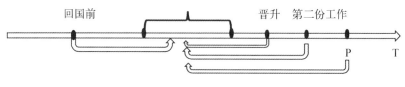

图 3 - 2　经验型定义解释图

## 第二节　海归青年教师首聘期工作
## 满意度调查问卷的设计

### 一、海归青年教师首聘期工作满意度调查问卷的基本结构

本书调查问卷设计的主要理论依据为双因素理论和哈格多恩教师工作满意度理论。测量量表借鉴工作描述指数问卷并结合归国适应相关调查问卷,编制符合本书的海归教师首聘期工作情况调查问卷,见表3-1。工作描述指数问卷通用性强,经常在高校教师工作满意度测量中被采用,我国学者余晓飞编制的高校海归教师工作满意度问卷即借鉴了工作描述指数问卷[①]。本书聚焦首聘期这一时期,在已有研究基础上,编制了海归教师首聘期工作情况调查问卷,共分为三个部分:

第一部分为教师的基本信息,主要包括性别、年龄、回国首聘期的最高职称、所在学科、回国时间、在国外累计生活时间等。

第二部分采用单一整体评估法测量高校海归教师回国首聘期整体工作满意度水平和现在工作满意度水平。

第三部分调查不同维度的工作满意度和归国适应情况,关于工作满意度的测量,包括工作本身、工作条件、薪酬待遇、个人生活、同事关系、成长发展、自我实现方面;关于归国适应的测量,包括母国环境适应和文化适应,共 36 个题项,各个维度和调查问卷对应的问题如表 3-1 所示。量表采用李克特 5 点

---

① 余晓飞.基于工作满意度视角的高校“海归”教师人力资源管理政策研究——以上海高校“海归”教师为例 [D].上海:复旦大学,2009:34-40.

式,正向计分衡量受试者的满意度,分数越高,表示受试者的工作满意度越高,由于不同时期回国的教师工作情况和政策环境有着比较大的差异,因此,在问题回答选项中设置了"不适用"的选项,在数据处理时按缺失值计算。

表 3−1　海归青年教师工作满意度影响因素构成维度与问卷设计对应表

| 内容 | 维度 | 编号 | 调查问题体现 |
|---|---|---|---|
| 归国适应 | 母国环境适应 | VAR01 | 学校所在城市经济发展前景 |
| | | VAR02 | 学校所在城市公共设施(交通、医疗、教育等) |
| | | VAR03 | 学校地理位置方便照顾父母 |
| | | VAR04 | 学校所在的城市自然环境(空气质量、绿化等) |
| | 文化适应 | VAR05 | 留学所在国家的风俗文化 |
| | | VAR06 | 融入国内的社交环境,如经常跟老朋友、新朋友聚会等方面 |
| | | VAR07 | 日常生活中的相关规定,如交通规则、社区办理事项等 |
| | | VAR08 | 回国初期,对于生活的便捷程度,如网上购物、网约车等 |
| 工作满意度 | 薪酬待遇 | VAR09 | 学校/学院提供的工资水平 |
| | | VAR10 | 学校/学院提供的奖金、津贴等 |
| | | VAR11 | 未来加薪预期的可能性 |
| | 个人生活 | VAR12 | 学校有关海归教师户籍的政策安排 |
| | | VAR13 | 学校有关海归教师配偶工作的政策安排 |
| | | VAR14 | 学校有关海归教师住房的政策安排 |
| | | VAR15 | 学校有关海归教师子女就学的政策安排 |
| | | VAR16 | 个人可支配时间的灵活性 |
| | 工作条件 | VAR17 | 所在学科或平台提供的事业发展机会 |
| | | VAR18 | 学校/学院实验条件 |
| | | VAR19 | 学校提供的办公条件 |
| | | VAR20 | 学校提供的体育运动(健身房、游泳馆)等设施 |
| | 工作本身 | VAR21 | 学校提供的科研经费充足 |
| | | VAR22 | 科研项目的申请审批制度合理性 |
| | | VAR23 | 研究兴趣、研究方向与学校/学院匹配程度 |
| | | VAR24 | 工作的自主性 |
| | | VAR25 | 工作的稳定性 |
| | | VAR26 | 工作的压力程度小 |
| | | VAR27 | 研究生(硕士、博士)招入的合理性 |

| 内容 | 维度 | 编号 | 调查问题体现 |
|------|------|------|------------|
| 工作满意度 | 同事关系 | VAR28 | 学校及学院领导的领导风格与管理方式 |
| | | VAR29 | 学校及学院科研合作氛围好 |
| | | VAR30 | 学校及学院人际关系和谐 |
| | 成长发展 | VAR31 | 学校及学院所提供的交流机会多 |
| | | VAR32 | 学校及学院晋升与考评机制合理性 |
| | | VAR33 | 自身创新能力的发展 |
| | 自我实现 | VAR34 | 自己工作目标的实现程度 |
| | | VAR35 | 工作中体验到的成就感 |
| | | VAR36 | 教师工作具有社会责任感 |

## 二、调查问卷的预测及修订

预测试问卷从 2017 年 9 月开始发放，截至 2017 年 11 月，共发放 1409 份，共回收问卷 184 份，排除无效问卷 22 份，有效问卷共 162 份，有效回收率约为 11.50%。预测问卷的分布和基本信息情况，详见表 3-2 和表 3-3。

表 3-2　预测试问卷地区分布

| 城　市 | 回收份数 | 城　市 | 回收份数 |
|-------|---------|-------|---------|
| 哈尔滨 | 1 | 北京 | 10 |
| 长春 | 4 | 厦门 | 17 |
| 沈阳 | 7 | 广州 | 25 |
| 成都 | 1 | 南京 | 16 |
| 重庆 | 9 | 济南 | 11 |
| 合肥 | 2 | 上海 | 31 |
| 武汉 | 16 | 天津 | 7 |
| 长沙 | 3 | 杭州 | 2 |

资料来源：调查问卷数据的整理与分析。

表 3-3 预测试问卷基本信息

| 类 别 | 频率 | 百分比(%) | 类 别 | 频率 | 百分比(%) |
|---|---|---|---|---|---|
| **性别** | | | **是否享有人才引进政策** | | |
| 男 | 127 | 78.40 | 否 | 83 | 51.23 |
| 女 | 35 | 21.60 | 是 | 79 | 48.77 |
| **现在年龄分布** | | | **回国时年龄** | | |
| 29 岁及以下 | 12 | 7.41 | 29 岁及以下 | 44 | 27.16 |
| 30—35 岁 | 116 | 71.60 | 30—35 岁 | 96 | 59.26 |
| 36—40 岁 | 23 | 14.20 | 36—40 岁 | 22 | 13.58 |
| 41—50 岁 | 9 | 5.56 | **在国外累计任教或工作时间** | | |
| 50 岁以上 | 2 | 1.23 | 毕业直接回国 | 79 | 48.77 |
| **在国外累计生活时间** | | | 1 年以内 | 20 | 12.35 |
| 1.1—3 年 | 21 | 12.35 | 1.1—3 年 | 32 | 19.75 |
| 3.1—5 年 | 45 | 27.78 | 3.1—5 年 | 14 | 8.64 |
| 5.1—10 年 | 67 | 41.36 | 5.1—10 年 | 16 | 9.88 |
| 10 年以上 | 29 | 17.90 | 10 年以上 | 1 | 0.62 |
| **出国资助方式** | | | **回国工作 1—3 年期间最高职称** | | |
| 国家留学基金委资助 | 46 | 28.40 | 初级 | 0 | |
| 国内单位资助 | 2 | 1.23 | 中级 | 55 | 33.95 |
| 国外奖学金(基金)资助 | 76 | 46.91 | 副高级 | 54 | 33.33 |
| 自费 | 31 | 19.14 | 正高级 | 53 | 32.72 |
| 其他 | 7 | 4.32 | | | |

资料来源：调查问卷数据的整理与分析。

1. 预测试问卷探索性因子分析

为了证明本书所收集的数据可以有效地测量研究所提出的构念，需要进行问卷效度的测量，使用不同的测量工具以及手段完成结构效度、聚合效度等效度的测量。本书在问卷编制时尽量参考了前人的研究成果，并结合本书具体的研究对象和研究目的加以修订。使用 SPSS 22.0 对 162 份前测问卷进行探索性因素分析，以检验调查问卷的结构效度。

具体的方法采用主成分分析法提取特征值大于 1 的共同因子，再以最大变异法进行旋转处理，进行第一次探索性因素分析，计算得出 *KMO* 值为 0.922。*KMO* 是 *Kaiser-Meyer-Olkin* 的取样适当性数量（其值介于 0 至 1 之间），*KMO* 值愈大（愈趋近于 1），表示变量间的共同因素越多，变量间的净相关系数系数越低，越适合进行因素分析。如果 *KMO* 的值小于 0.5，较不宜进行因素分析，进行因素分析的普通准则至少在 0.6 以上。本书中 *KMO* 值呈现的性质为良好标准，表示变量间具有共同因素存在，变量适合进行因素分析。此外，矩阵的对角线数值代表每一个变量的取样适当性量数（*Measures of Sampling Adequacy*，简称 *MSA*），该值越接近 1，表示整体数据越适合进行因素分析，此处 36 题的 *MSA* 值均在 0.747 以上，表示各变量均适合进行因素分析。

第一次正交旋转处理后的得出因子载荷矩阵，保留显示因子负荷量在 0.40 以上的题项，见表 3-4。由表可知，共抽取了 8 个共同因子，通常因子中至少含有 3 个及以上题项，首先删除包含题项变量较少的因子，删除因子 8 中的第 4 题（VAR04）。删除题后，再次进行探索性因子分析。经过第二次因素分析，发现第 23、22 题在两个维度上存在较高的因子载荷，因此删除。之后进行第三次因素分析，第 33、20 题在两个维度上存在较高的因子载荷，故进一步删除。进行第四次因素分析，转轴后的因子载荷矩阵如表 3-5 所示。

表 3-4　第一次因素分析因子载荷矩阵

| | *Component* | | | | | | | |
|---|---|---|---|---|---|---|---|---|
| | 1 | 2 | 3 | 4 | 5 | 6 | 7 | 8 |
| VAR29 | .804 | | | | | | | |
| VAR28 | .795 | | | | | | | |
| VAR30 | .721 | | | | | | | |
| VAR32 | .655 | | | | | | | |
| VAR33 | .647 | .468 | | | | | | |
| VAR31 | .613 | | | | | | | |
| VAR17 | .587 | | | | | | | |

| | Component | | | | | | | |
|---|---|---|---|---|---|---|---|---|
| | 1 | 2 | 3 | 4 | 5 | 6 | 7 | 8 |
| VAR27 | .556 | | | | | | | |
| VAR20 | .501 | | | | | | | |
| VAR23 | .463 | .428 | | | | | | |
| VAR22 | .453 | | .401 | | | | | |
| VAR24 | | .711 | | | | | | |
| VAR25 | | .685 | | | | | | |
| VAR16 | | .646 | | | | | | |
| VAR34 | .528 | .613 | | | | | | |
| VAR35 | .513 | .603 | | | | | | |
| VAR26 | | .578 | | | | | | |
| VAR36 | | .540 | | | | | | |
| VAR09 | | | .792 | | | | | |
| VAR10 | | | .724 | | | | | |
| VAR21 | | | .688 | | | | | |
| VAR11 | | | .598 | | | | | |
| VAR14 | | | | .815 | | | | |
| VAR15 | | | | .780 | | | | |
| VAR13 | | | | .710 | | | | |
| VAR12 | | | | .606 | | | | |
| VAR01 | | | | | .853 | | | |
| VAR02 | | | | | .842 | | | |
| VAR03 | | | | | .688 | | | |
| VAR19 | | | | | | .786 | | |
| VAR18 | | | | | | .648 | | |
| VAR06 | | | | | | | .706 | |
| VAR08 | | | .466 | | | | .632 | |
| VAR05 | | | | | | | .577 | |
| VAR07 | | | | | | | .573 | |
| VAR04 | | | | | | | | .916 |

Extraction Method：Principal Component Analysis.

Rotation Method：Varimax with Kaiser Normalization.

a. Rotation converged in 7 iterations.

表 3-5　最终旋转后的成分矩阵

| | Component | | | | | | |
|---|---|---|---|---|---|---|---|
| | 1 | 2 | 3 | 4 | 5 | 6 | 7 |
| VAR28 | .807 | | | | | | |
| VAR29 | .801 | | | | | | |
| VAR30 | .737 | | | | | | |
| VAR32 | .656 | | | | | | |
| VAR31 | .612 | | | | | | |
| VAR27 | .566 | | | | | | |
| VAR17 | .551 | | | | | | |
| VAR24 | | .694 | | | | | |
| VAR25 | | .688 | | | | | |
| VAR16 | | .662 | | | | | |
| VAR26 | | .621 | | | | | |
| VAR34 | | .597 | | | | | |
| VAR35 | | .593 | | | | | |
| VAR36 | | .503 | | | | | |
| VAR09 | | | .802 | | | | |
| VAR10 | | | .730 | | | | |
| VAR21 | | | .690 | | | | |
| VAR11 | | | .604 | | | | |
| VAR14 | | | | .823 | | | |
| VAR15 | | | | .790 | | | |
| VAR13 | | | | .714 | | | |
| VAR12 | | | | .589 | | | |
| VAR02 | | | | | .859 | | |
| VAR01 | | | | | .857 | | |
| VAR03 | | | | | .667 | | |
| VAR06 | | | | | | .700 | |
| VAR08 | | | | | | .631 | |
| VAR05 | | | | | | .580 | |
| VAR07 | | | | | | .576 | |
| VAR19 | | | | | | | .713 |
| VAR18 | | | | | | | .703 |

*Extraction Method：Principal Component Analysis.*

*Rotation Method：Varimax with Kaiser Normalization.*

*a. Rotation converged in 7 iterations.*

经过四次探索性因子分析和删除题项后，数据中 KMO 系数为 0.905，χ2 值为 7 745.63，$p<0.001$，证明数据适用于旋转方法的因子载荷检验。

关于因素个数的筛选。如果变量（题项）数目介于 10 至 40 之间，采用特征值大于 1 的方法萃取的因素是可靠的，SPSS 内设值是以特征值大于 1 以上的作为主成分保留的标准，表中特征值大于 1 者共有 7 个，因此，因素分析时所抽出的共同因素的因素个数为 7 个。吴明隆认为因素的合理性有两层含义，一是共同因素包含的题项变量通常在 3 至 7 题之间，若少于 3 题或者多于 7 题，根据研究内容而具体分析是否具有合理性；二是题项变量所要测量的潜在特质类似，且因素可以命名①。本书共抽取了 7 个共同因子，第 1 至 6 个因子的题目数量均在 3—7 题之间，第 7 个因子包括的题目为在工作中学校提供的设施条件，为本书拟分析的主要内容之一，探究其对海归教师工作满意度水平的影响情况，计算结果累计解释变异量为 62.3%，说明共同因子可以解释了观测变量的大部分变异，即 7 个因子的提取具有一定的科学合理性。

综上描述，根据探索性因素分析载荷指数划分出七个维度，分别是：因子一，包括第 17、27、28、29、30、31、32 题；因子二，包括第 16、24、25、26、34、35、36 题；因子三，包括第 9、10、11、21 题；因子四，包括第 12、13、14、15 题；因子五，包括第 1、2、3 题；因子六，包括第 5、6、7、8 题；因子七，包括第 18 和 19 题。

第 1 个共同因子，包括题项有"学校/学院所在学科或平台的发展机会""学校/学院晋升与考评机制合理性""学校/学院学术交流活动""研究生招收合理性""学校/学院领导的领导风格与管理方式""学校/学院科研合作氛围""学校/学院人际关系"等，将其定义为工作群体的维度。

第 2 个共同因子，包括题项有"工作自主性""工作稳定性""工作压力程度""工作目标的实现程度""工作中体验的成就感""教师工作的社会责任感"和"时间可支配性"等，将其定义为工作本身的维度。

第 3 个共同因子，包括题项有"工资水平""奖金、津贴等""未来加薪预

① 吴明隆.问卷统计分析实务——SPSS 操作与应用[M].重庆：重庆大学出版社，2010：185－230.

期""学校/学院提供的科研启动经费"等,将其定义为薪酬待遇的维度。

第 4 个共同因子,包括题项有"海归教师的户籍政策""住房政策""配偶工作的政策"和"子女就学的政策"等,将其定义为生活支持的维度。

第 5 个共同因子,包括题项有"学校/学院实验条件"和"学校提供的办公条件",将其定义为工作条件的维度。

第 6 个共同因子,包括题项有"学校所在城市经济发展水平""学校所在城市公共服务水平""学校所在城市自然环境"等,将其定义为母国环境适应的维度。

第 7 个共同因子,包括题项有"回国前是否适应留学所在国家的风俗""回国初期是否能够融入国内社交环境""回国初期适应日常生活的相关规定"和"回国初期对生活便捷程度的适应"等,将其定义为文化适应的维度。

2. 预测试问卷的信度分析

因素分析完成后,需要对问卷结果的可靠性和有效性进行进一步分析,即信度检验。信度是多次重复本测验测量所得结果间的一致性或稳定性,或估计测量的误差有多少,以反映出实际真实程度的一种指标。信度越高,表示量表的可靠性和稳定性越高。信度是效度的必要条件,信度低效度一定低,但信度高,效度却不一定高,因此,应首先对量表的信度进行检验。

在社会科学研究领域,每份量表包含不同的分层,因而除需提供总量表的信度系数外,也应检测各分层的信度系数,对海归教师工作满意度量表抽取的 7 个满意度影响因子进行信度分析,结果见表 3 - 6。常用的信度检验方法为克伦巴赫 $\alpha$ 系数($Cronbach\ \alpha$),量表的 $\alpha$ 系数越高,量表的信度越高,代表量表越稳定。如果使用者在编制预测问卷时,信度系数在 0.50 至 0.60 已足够[1]。当以基础研究为目的时,通常信度系数在 0.80 以上,被视为通过信度检验。一般总量表的信度系数最好在 0.80 以上,本书总量表信度为 0.940,根据学者吴明隆的观点,量表的信度系数如果在 0.90 以上,表示测验或量表的信度较佳。分量表的信度系数最好在 0.70 以上,如果在 0.60 至 0.70 之间,也可以接受使用。学者吴明隆综合多位学者的观点后

---

[1] Bagozzi R P, Yi Y. On the Evaluation of Structural Equation Models[J]. 1988, 16(1): 74 - 94.

认为，整份量表最低的 α 系数应在 0.70 以上，分层面量表的最低 α 系数应在 0.50 以上，最好高于 0.60[①]。本书中多数因子的 α 系数在 0.70 以上，信度较高，工作支持的 α 系数为 0.626，作为分层量表的系数尚佳。因此，接受各因子的信度检验。

表 3 - 6　预测试问卷的信度分析

| 名　　　　称 | Cronbach α 系数 |
| --- | --- |
| 工作群体 | 0.873 |
| 工作本身 | 0.865 |
| 薪酬待遇 | 0.863 |
| 生活支持 | 0.840 |
| 工作支持 | 0.626 |
| 母国环境适应 | 0.728 |
| 文化适应 | 0.752 |
| 预测试问卷整体量表 | 0.940 |

3. 预测试问卷的效度分析

效度一般是指测量的正确性，或量表是否能测量所要测量的潜在概念。内容效度旨在检验量表中的内容是否符合主题以及与主题的符合程度。本书为了保证问卷的内容效度，对预测问卷内容效度的测量第一步采用专家咨询法，请有关专家对本书所使用量表中测验题目和拟研究内容、范围等作出合理的判断。综合专家们的意见，作者对部分问题的表述进行了修改，包括：将原问题"学校及学院职称评定的合理性"，修改为"学校及学院晋升与考评机制合理性"；将原问题"国内人才引进政策支持和待遇情况"，修改为"政府或学校的人才引进政策情况"；将原问题"学校提供的科研经费情况"，修改为"学校提供的科研启动经费情况"。专家对问卷总体评价和各部分及指标的认同率较高，约为 90% 以上，表明内容效度良好。第二步，我们将问卷发送给海归青年教师，并邀请他们对问卷的可读性和内容结构提出意见。部分海归教师反映，基本信息部分中个别问题可能涉及个人隐私，在选择填

① 吴明隆.问卷统计分析实务——SPSS 操作与应用[M].重庆：重庆大学出版社,2010：185 - 230.

写答案时不方便作答,因此,经过综合考虑,删除了关于婚姻状况和子女相关问题。最后,在确保问卷的内容效度良好后,形成了正式问卷。

### 三、调查问卷的回收和分析

#### 1. 正式调查问卷的发放和回收

本书借助"问卷星"平台,正式问卷从 2017 年 11 月开始以电子邮件形式批量发放,目标群体为已选取的 46 所高校中 4 190 位具有海外教育背景的教师。若被调查对象第一次收到调查问卷后,未进行有效回复,时隔两周后对其进行第二轮邮件问卷调查。截至 2018 年 3 月,历时 5 个月共发放 4 190 份问卷,显示对方收到并打开邮件的为 3 113 封,其余 1 077 封邮件可能由于进入垃圾邮箱或者被拦截,显示未被打开,共回收 573 份问卷,回收率为 13.67%。通过对回收问卷整理,删除不符合本书关于"海归青年教师"界定范围的问卷,如回国年龄超过 40 岁、外籍以及填写无效等问卷,得到有效问卷 488 份,有效回收率为 11.65%。一般来说邮寄问卷,在未经催复的情况下,回答率约为 10% 至 20%[①],催复之后会略微提高[②]。因此,调查问卷回收率尚可接受。

#### 2. 正式问卷的验证性因子分析

为了验证使用前测数据取得的结构效度的有效性,在完成正式问卷收集后,使用 488 份正式测量样本对探索性因素分析得出的维度进行验证。使用 $AMOS$18.0 进行分析,最终验证性因素得分如表 3 - 7 所示。

表 3 - 7　验证性因子分析结果

| | $\chi^2$ | $df$ | $CFI$ | $TLI$ | $SRMR$ | $RMSEA$ |
|---|---|---|---|---|---|---|
| 模型计算结果 | 1 105.58 | 413 | 0.928 | 0.906 | 0.050 | 0.056 |

其中 $\chi^2/df$ 接受度临界值为 5,$\chi^2/df$ 值为 2.68,通常该值在 1 至 3 为最佳;$CFI$ 数值为 0.928,$TLI$ 数值为 0.906,$CFI$、$TLI$ 数值在 0.9 以上时通常被

① 王云东.社会研究方法——量化与质性取向及其应用[M].台北:威仕曼文化事业股份有限公司,2012:186 - 190.
② 瞿海源.调查研究方法[M].台北:三民书局,2007:328 - 340.

认为其拟合结果优良；$SRMR$ 计算结果为 0.05，$RMSEA$ 为 0.056，$SRMR$ 和 $RMSEA$ 可接受范围在 0.08 以下。由此可见，正式问卷验证性因素结果良好，通过问卷收集到的数据效度较高，该数据可以用于之后的研究分析。

3. 正式问卷的信度和效度分析

运用 $SPSS$ 软件，进一步对正式问卷结果的可靠性和有效性进行分析，将正式问卷的 488 份数据代入计算，得出整体正式问卷的 α 为 0.927，以及影响因子信度分析结果见表 3-8。本书正式问卷的信度为 0.927，多数因子分层量表的 α 系数均在 0.70 以上，信度较高，文化适应的 α 系数为 0.612，同样，作为分层量表的系数尚佳。因此，正式问卷的信度良好。

表 3-8　正式问卷的信度分析

| 名　　称 | $Cronbach$ α 系数 |
| --- | --- |
| 工作群体 | 0.888 |
| 工作本身 | 0.847 |
| 薪酬待遇 | 0.845 |
| 生活支持 | 0.803 |
| 工作条件 | 0.675 |
| 母国环境适应 | 0.740 |
| 文化适应 | 0.612 |
| 正式问卷整体量表 | 0.927 |

为检验正式问卷的效度，进一步对其结构效度进行分析，包括聚合效度（$convergent\ validity$）和区分效度（$discriminant\ validity$），其中聚合效度是指不同的观测变量是否可以用于测量同一个潜变量，而区分效度是指不同的潜变量之间是否存在显著性差异。采用 $AMOS18.0$ 统计软件进行测量。

使用平均方差萃取值和组合信度对收敛效度进行分析，平均方差萃取值（$AVE$）介于 0.314 至 0.593 之间，详见表 3-9。通常来说 $AVE$ 值在大于 0.5 时具有良好的聚合效度，也有研究的建议，$AVE$ 值在大于 0.3 时可以接受[①]，因此，各变量 $AVE$ 在可接受范围之内，问卷的聚合效度处于可接受

① Bagozzi R P，Yi Y. On the Evaluation of Structural Equation Models[J]. 1988，16(1)：74-94.

的范围。组合信度介于 0.629 至 0.891 之间,均超过 0.6。可以看出,各个变量具有很好的收敛效度。

表 3-9 潜变量的聚合效度

|  | AVE(平均方差萃取值) | CR(组合信度) |
| --- | --- | --- |
| 工作环境 | 0.517 | 0.676 |
| 工作本身 | 0.459 | 0.848 |
| 薪酬待遇 | 0.593 | 0.853 |
| 生活支持 | 0.495 | 0.792 |
| 工作支持 | 0.539 | 0.891 |
| 母国环境适应 | 0.563 | 0.783 |
| 文化适应 | 0.314 | 0.629 |

进一步对问卷的区分效度进行检验。具体做法为比较 AVE 的平方根与各维度间相关系数的大小进行区分效度的研究。根据费耐尔和拉克尔的建议,当 AVE 的平方根大于它与其他维度的相关系数时,可以证明各问卷维度之间具有良好的区分效度[1]。表 3-10 为各维度间的相关系数,在对角线上的数值为 AVE 的平方根,观察该值均大于它与其他维度的相关系数。因此,可以发现本问卷具有良好的区分效度。

表 3-10 量表中因子的 AVE 值

|  | 一 | 二 | 三 | 四 | 五 | 六 | 七 |
| --- | --- | --- | --- | --- | --- | --- | --- |
| 一 | 0.753 | | | | | | |
| 二 | 0.297 | 0.562 | | | | | |
| 三 | 0.282 | 0.388 | 0.776 | | | | |
| 四 | 0.225 | 0.256 | 0.572 | 0.770 | | | |
| 五 | 0.333 | 0.267 | 0.392 | 0.372 | 0.715 | | |
| 六 | 0.218 | 0.333 | 0.470 | 0.436 | 0.426 | 0.687 | |
| 七 | 0.313 | 0.354 | 0.610 | 0.496 | 0.427 | 0.693 | 0.738 |

---

[1] Fornell C, Larcker D F. Evaluating Structural Equation Models with Unobservable Variables and Measurement Error[J]. Journal of Marketing Research, 1981, 18(1): 39-50.

## 第三节　海归青年教师样本特征

选取 2017 年中国最好大学网[①]公布的排名前 50 名研究型大学作为研究对象,并按照国家"海外高层次人才引进计划"中我国地区的划分标准:东部、东北、中部和西部四个区域进行分组,经统计发现东部地区学校最多,共 35 所,其中北京 14 所和上海 8 所。东北地区 3 所,中部地区 7 所,西部地区 5 所。由于东部地区学校偏多,集中在北京、上海地区,为平衡各地区样本数量,北京 14 所高校中,取前 8 所作为样本。东北地区学校较少,只有 3 所,扩大排名范围到前 55 所高校,新增入围 2 所东北高校:东北大学和东北师范大学。按照上述抽取方法,最终共选取 46 所学校样本,具体清单见表 3‑11。

表 3‑11　学校样本清单

| 地区 | 城市 | 数量 | 学　校　名　称 |
|---|---|---|---|
| 东部 | 北京 | 8 | 清华大学、北京大学、北京航空航天大学、北京师范大学、北京理工大学、对外经济贸易大学、中国人民大学、北京科技大学 |
| | 上海 | 8 | 上海交通大学、复旦大学、同济大学、华东理工大学、华东师范大学、上海财经大学、东华大学、上海大学 |
| | 广州 | 2 | 中山大学、华南理工大学 |
| | 南京 | 4 | 南京大学、东南大学、南京航空航天大学、南京理工大学 |
| | 苏州 | 1 | 苏州大学 |
| | 杭州 | 1 | 浙江大学 |
| | 天津 | 2 | 南开大学、天津大学 |
| | 济南 | 1 | 山东大学 |
| | 厦门 | 1 | 厦门大学 |
| | 福州 | 1 | 福州大学 |

① 最好大学排名网.软科中国最好大学排名 2017[EB/OL].[2017‑12‑27].http://www.zuihaodaxue.com/zuihaodaxuepaiming2017.html.

| 地区 | 城市 | 数量 | 学　校　名　称 |
|---|---|---|---|
| 东北 | 沈阳 | 1 | 东北大学 |
| | 大连 | 2 | 大连理工大学 |
| | 哈尔滨 | 1 | 哈尔滨工业大学 |
| | 长春 | 2 | 吉林大学、东北师范大学 |
| 中部 | 合肥 | 1 | 中国科技技术大学 |
| | 武汉 | 4 | 华中科技大学、武汉大学、武汉理工大学、华中师范大学 |
| | 长沙 | 2 | 中南大学、湖南大学 |
| 西部 | 成都 | 2 | 四川大学、电子科技大学 |
| | 重庆 | 1 | 重庆大学 |
| | 西安 | 2 | 西安交通大学、西北工业大学 |

资料来源：最好大学排名网. 软科中国最好大学排名 2017[EB/OL]. [2017 - 12 - 27]. http://www. zuihaodaxue.com/zuihaodaxuepaiming2017.html.

教师样本选取方式为：在上述地区和样本学校范围内,查找二级学院(不包括医学院和艺术学院)网站上教师队伍介绍信息,采用简历法判断教师是否在海外获得博士学位,每个二级学院按教师姓氏排序并随机收集 5 名在海外获得博士学位教师,46 所学校共搜集海归教师信息 4 190 条,通过发放网络调查问卷,有效回收 488 份海归教师样本。

调查对象回国时间分布情况如图 3-3 所示。图表上半部分为《中国统计年鉴 2018》公布的 1978 年到 2016 年学成回国留学人员数,下半部分为样本中历年回国人数情况(单位:人)。1978 年全国各类留学回国人员只有 248 人,到 1985 年为 1 424 人,1995 年为 5 750 人。2001 年留学回国人数突破了 1 万,2009 年超过 10 万人,2016 年回国人数达到 40 万人[①]。2000 年之前留学回国的人较少,2003 之后的样本数量明显逐渐增多。依据高层次人才回流情况看,2016 年一年引进的教师数量是 1978 年至 2008 年引进总人数的 20 余倍[②]。样本的归国年代分布,与我国历年海归总体数量变化趋势大致相符。

① 国家统计局编.中国统计年鉴 2018[EB/OL].2018.http://www.stats.gov.cn/tjsj/ndsj/2018/indexch.htm.
② 卢安迪.海归整体发展环境向好[N].人民日报海外版,2017 - 08 - 02.

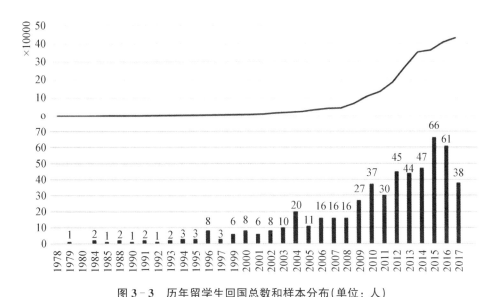

**图 3 - 3 历年留学生回国总数和样本分布(单位:人)**

资料来源:国家统计局编. 中国统计年鉴 2018[EB/OL].2018.http://www.stats.gov.cn/tjsj/ndsj/2018/indexch.htm.

　　按照《第一财经》发布的《城市划分榜单》[①]统计不同城市类型的分布情况,见表 3 - 12。结合回国时间分布,可以看出 2008 年之前回国样本较少,同时结合我国人才引进的历程,进一步统计了 2008 至 2017 年回国的样本的地区分布,见表 3 - 13,为后文分析不同地区差异时做出参考。此外,统计样本的性别、回国时年龄、职称、学科、工作单位、回国工作年份、出国留学所在国、科研启动经费水平、住房补贴水平、与所在单位的关系等基本信息,以此为依据掌握样本的特征和分布,具体信息详见表 3 - 14。

　　从样本的分布来看,样本中男教师的比例较高,占总样本的 71.11%,女教师占 28.89%。回国时年龄在 29 岁以下的约为 23%,回国时年龄集中分布在 30 至 35 岁,约占 57%,36—40 岁的教师约占 20%,年龄分布较为合理。样本中在国外生活 5 至 10 年的教师比例最多,约占总样本的 46%,其

---

① 2018 年 4 月 26 日,第一财经·新一线城市研究所举办"新一线城市峰会暨 2018 中国城市商业魅力排行榜"发布了城市商业魅力榜单。按照商业资源集聚度、城市枢纽性、城市人活跃度、生活方式多样性和未来可塑性 5 个维度,一线城市包括:北京、上海、广州、深圳;新一线城市(本书中涉及的城市)包括:西安、武汉、长沙、南京、苏州、沈阳、青岛、成都、天津、杭州、重庆;二线城市(本书中涉及的城市)包括:合肥、厦门、哈尔滨、长春、大连、兰州。

次是在国外生活 3 至 5 年的教师,约占 31%,在国外生活 10 年以上的教师占 12%。样本中约 53% 的教师在国外获得学位后选择直接回国,约 19% 的教师在国外教学或者工作 1 至 3 年,约 0.6% 的教师在国外工作 10 年以上回国。样本中约 42% 教师出国留学的费用是由国外企业/学校/学院/导师奖学金(基金)承担和资助的,其中受国内单位和国家留学基金委的教师约为 22%,有 27% 的教师自己承担留学费用。样本中约 30% 教师回国工作 1 至 3 年间最高职称为中级,约 43% 教师最高职称为副高级,24% 为正高级,只有约 0.4% 教师最高职称仍然为初级。

表 3‑12　正式调查问卷地区分布

| 一线城市 | 数量 | 新一线城市 | 数量 | 二线城市 | 数量 |
|---|---|---|---|---|---|
| 北京 | 39 | 武汉 | 47 | 合肥 | 4 |
| 广州 | 43 | 长沙 | 17 | 哈尔滨 | 6 |
| 上海 | 98 | 南京 | 41 | 长春 | 10 |
| | | 沈阳 | 11 | 大连 | 32 |
| | | 西安 | 39 | 济南 | 19 |
| | | 成都 | 8 | 厦门 | 23 |
| | | 天津 | 12 | | |
| | | 杭州 | 15 | | |
| | | 重庆 | 24 | | |
| 总计 | 180 | | 214 | | 94 |

资料来源:调查问卷数据的整理与分析。

表 3‑13　2008—2017 年回国的样本地区分布

| 一线城市 | 数量 | 新一线城市 | 数量 | 二线城市 | 数量 |
|---|---|---|---|---|---|
| 北京 | 25 | 武汉 | 38 | 合肥 | 4 |
| 广州 | 41 | 长沙 | 17 | 哈尔滨 | 3 |
| 上海 | 73 | 南京 | 30 | 长春 | 10 |
| | | 沈阳 | 13 | 大连 | 21 |
| | | 西安 | 36 | 济南 | 13 |
| | | 成都 | 6 | 厦门 | 17 |

续　表

| 一线城市 | 数量 | 新一线城市 | 数量 | 二线城市 | 数量 |
|---|---|---|---|---|---|
| | | 天津 | 5 | | |
| | | 杭州 | 7 | | |
| | | 重庆 | 20 | | |
| 合计 | 139 | | 172 | | 68 |

资料来源：调查问卷数据的整理与分析。

表 3‑14　正式问卷样本的基本信息

| 类　　别 | 数量 | 百分比（%） | 类　　别 | 数量 | 百分比（%） |
|---|---|---|---|---|---|
| **性别** | | | **是否享有人才引进政策** | | |
| 男 | 347 | 71.11 | 否 | 355 | 65.62 |
| 女 | 141 | 28.89 | 是 | 186 | 34.38 |
| **现在年龄分布** | | | **回国时年龄** | | |
| 29 岁及以下 | 13 | 2.66 | 29 岁及以下 | 114 | 23.37 |
| 30—35 岁 | 202 | 41.39 | 30—35 岁 | 277 | 56.76 |
| 36—40 岁 | 112 | 22.95 | 36—40 岁 | 97 | 19.88 |
| 41—50 岁 | 101 | 20.70 | **在国外累计任教或工作时间** | | |
| 50 岁以上 | 60 | 12.30 | 毕业直接回国 | 259 | 53.07 |
| **在国外累计生活时间** | | | 1 年以内 | 66 | 13.52 |
| 1.1—3 年 | 49 | 10.04 | 1.1—3 年 | 94 | 19.26 |
| 3.1—5 年 | 149 | 30.53 | 3.1—5 年 | 35 | 7.17 |
| 5.1—10 年 | 223 | 45.70 | 5.1—10 年 | 31 | 6.35 |
| 10 年以上 | 60 | 12.30 | 10 年以上 | 3 | 0.61 |
| **出国资助方式** | | | **回国工作 1—3 年期间最高职称** | | |
| 国家留学基金委资助 | 107 | 21.93 | 初级 | 2 | 0.41 |
| 国内所在学校/工作单位资助 | 7 | 1.43 | 中级 | 156 | 31.97 |
| 国外企业/学校/学院/导师奖学金（基金）资助 | 206 | 42.21 | 副高级 | 211 | 43.24 |
| 自费 | 133 | 27.25 | 正高级 | 156 | 24.39 |
| 其他 | 35 | 7.17 | | | |

资料来源：调查问卷数据的整理与分析。

学科分布情况如图 3-4 所示，理学和工学的所占比例较高。

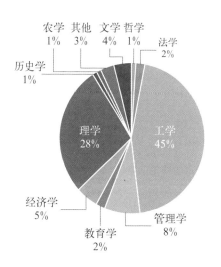

**图 3-4　样本海归教师学科分布**
资料来源：调查问卷数据的整理与分析。

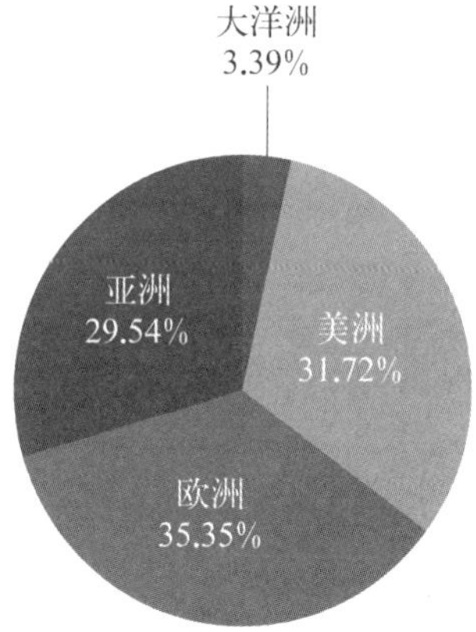

**图 3-5　样本海归教师留学地区分布**
资料来源：调查问卷数据的整理
与分析。

样本中海归教师留学国家分布情况如图 3-5 和图 3-6 所示。有效问卷 488 份，由于具体留学国家有部分被调查对象回答模糊或者未填写，因此，可统计有效留学国家的问卷为 413 份，经统计大洋洲 14 人，美洲 131

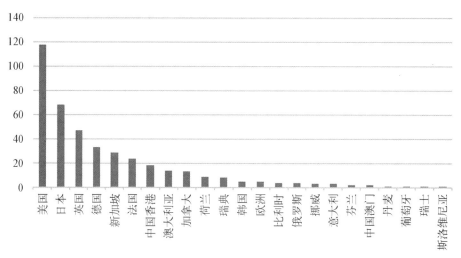

**图 3-6　样本海归教师留学国家分布**
资料来源：调查问卷数据的整理与分析。

人,欧洲 146 人,亚洲 122 人。

样本教师的年收入水平多数集中在 5 万到 15 万元,年收入在 15 至 30 万元和 30 至 60 万元的教师比例近年来有所增加,少数海归教师年收入在 60 万元至 100 万元,但比例较小,各个时期收入情况分布如图 3－7 所示。

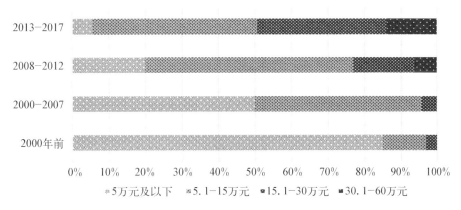

图 3－7　不同时期海归教师首聘期平均年收入

资料来源:调查问卷数据的整理与分析。

对于回国初期的教师来说,科研启动经费支持情况与其科研工作的顺利展开有着密切的关系,统计海归教师首聘期科研启动经费的情况如图 3－8 所示。2000 年以前回国的教师,科研启动经费支持的程度很低,约 40％的被调查对象表示没有科研经费的支持,30％至 40％的教师获得 5 万元以下科研经费的支持,较少教师得到 5 万以上的科研经费支持。2000 年至 2007 年,多数教师获得 5 万元以下的支持,获得 5 万至 10 万元、10 万至 30 万元、30 万至 60 万元和 60 万至 100 万元的支持的比例有所增加。2007 年以后,得到 60 万至 100 万元和 100 万以上的科研启动经费支持的比例明显增加。

2000 年之前的海归教师超过 80％表示没有享有住房补贴政策,少量教师表示曾得到 5 万至 10 万元不等的资助。到 2000 年至 2007 年,得到 5 万至 10 万元和 10 万至 30 万元补贴的教师比例明显增多。2008 年以来,近 80％的海归青年教师获得了住房补贴资助,且金额明显加大,近 30％的

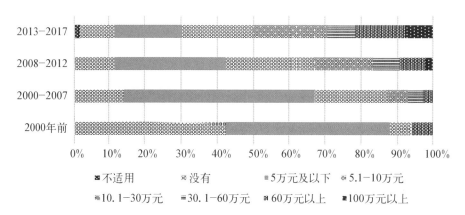

**图 3-8  不同时期海归教师首聘期科研启动经费**

资料来源：调查问卷数据的整理与分析。

教师得到了 10 万至 60 万的补助,高金额补助的比例明显增加。具体分布
见图 3-9 所示。

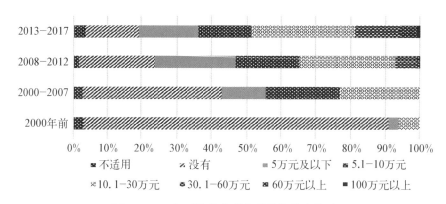

**图 3-9  不同时期海归教师首聘期住房补贴**

资料来源：调查问卷数据的整理与分析。

# 第四章
# 海归青年教师首聘期工作满意度的时空差异与演进

　　基于调查问卷的统计分析,本章力求从多方面了解海归青年教师首聘期工作满意度的特征,共分为三个部分,第一个部分主要探究海归青年教师首聘期工作满意度总体水平和各个维度满意度随着时间的变化和差异;第二个部分对比分析不同城市类型,包括一线城市、新一线城市和二线城市的海归青年教师首聘期工作满意度差异,并且聚焦9个代表性城市,对比分析其满意度差异;第三部分讨论不同特征的海归青年教师首聘期工作满意度的时空差异,包括不同性别、年龄、职称、学科背景和学校种类等。

## 第一节　海归青年教师首聘期工作
## 满意度总体水平与演进

　　海归教师首聘期工作满意度总体水平的评估是依据单一整体评估法,依据调查问卷中总体工作满意度的回答而得出,详见表4-1。约有32%的海归教师对首聘期工作满意度持不满意倾向,认为比较不满意和非常不满意,约有36%的被调查者认为一般,约有30%的被调查者持满意倾向,仅有3.89%的海归教师认为非常满意。国际上关于教师工作满意度的研究发现德国约为88%,加拿大和澳大利亚约为60%左右的教师持有满意倾向[①],

---

[①] Bentley P J, Coates H, et al. Job Satisfaction around the Academic Word[M]. Netherlands: Springer, 2013: 40-65.

如此对比来看,我国海归青年教师群体首聘期工作满意度远低于国外高校教师工作满意度水平。依据五点式量表打分("非常满意"记5分,"比较满意"记4分,"一般"记3分,"比较不满意"记2分,"非常不满意"记1分),本书调研的海归教师首聘期工作满意度平均得分2.97分,低于何根海有关北京、上海、河南、湖北、湖南等10个省市高校教师工作满意度平均得分[①]。综合来看,高校海归青年教师首聘期工作满意度仍有很大提高空间。

表4-1　海归青年教师首聘期工作满意度总体水平

| 满意程度 | 频 次 | 百分比(%) | 累计百分比(%) |
|---|---|---|---|
| 非常不满意 | 30 | 6.15 | 6.15 |
| 比较不满意 | 127 | 26.02 | 32.17 |
| 一 般 | 176 | 36.07 | 68.24 |
| 比较满意 | 136 | 27.87 | 96.11 |
| 非常满意 | 19 | 3.89 | 100.00 |
| 总 计 | 488 | 100.00 | |

资料来源:调查问卷数据的整理与分析。

通过计算调查对象工作满意度平均值,分析了历年归国人才满意度变化趋势,结果见图4-1,整体满意度介于2.3至3.8之间。1979至1995年的海归教师首聘期工作满意度均在3分以下,满意度水平较低,1996至1999年呈现出大幅度的下降,2000年有了明显回升,但是2001至2006年间又呈现出阶段性下降趋势,2007年出现小幅度回升,到2012年和2016、2017年平均满意度水平在3.5分左右,相对较高。

详细分析2000至2017年的数据发现,海归教师工作满意度总体持满意倾向的较多(见图4-2),2002至2010年间,持满意和不满意的教师比例没有明显变化,2010至2012年倾向于满意的教师比例增加,倾向于不满意的教师比例有所减少,但2012至2014年间情况相反,2015至2017年持满意态度的教师比例又有所增多。

① 何根海.高校教师工作满意度问题的实证研究[J].国家教育行政学院学报,2013(4):3-9.

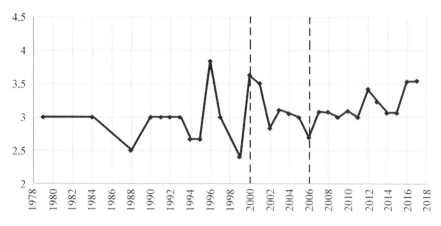

**图 4 - 1　1979—2017 年海归教师首聘期工作满意度变化趋势**
资料来源：调查问卷数据的整理与分析。

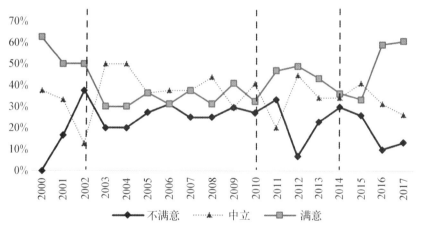

**图 4 - 2　2000—2017 年海归教师首聘期工作满意度评价百分比**
资料来源：调查问卷数据的整理与分析。

　　综合以上研究结果可以看到，海归教师的工作满意度在 1996 年有了明显提高，出现了改善的迹象。这一现象可能得益于国家引才政策发布和实施，1994 年为促进青年科学技术人才的成长，鼓励海外学者回国工作，中国科学院启动了"百人计划"，因此随后的一至两年间海归教师满意度有所提升。2000 年人事部公开了《关于鼓励海外高层次留学人才回国工作的意见》，对吸引高层次人才回国做了系统的规定，海归教师满意度亦在 2000 年左右有了显著提升。虽然人才政策可能一定程度上改善了海归教师工作满意度,但是并没有稳步提高海归教师工作满意度,在政策实施的随后几年海归教师满意度均有回落,直到 2008 年以后,海归青年教师工作满意度情况呈现了稳定且略有提升的趋势。《引进海外高层次人才暂行办法》《关于为海外高层次人才提供相应工作条件的若干规定》等一系列人才政策出台后,各地区相关部门进一步落实完善海外高层次人才引进与管理工作。各省级政府在 2008 年以后的 1 至 2 年期间,陆续出台了省级政府的海归人才引进政策,从本书调研结果来看相比较 2008 年之前,一定程度上对提高海归教师首聘期工作满意度起到了改善的作用。

## 第二节 不同时期海归青年教师<br>首聘期工作满意度差异

调查对象的回国时期可以分为四个阶段:2000 年之前、2000 至 2007 年、2008 至 2012 年和 2013 至 2017 年。现对比不同时期海归青年教师首聘期工作满意度的差异,采用单因素方差分析方法,从纵向时间演进角度分析各维度满意度水平的差异,分析结果见表 4-2。研究发现在工作群体和工作本身维度上,2000 年之前的平均满意度水平较高,说明在领导的管理方式、晋升考评机制、科研合作氛围、工作压力程度、工作目标实现程度、成就感和责任感等方面,早些年回国时反而满意度较高。在工作条件和生活支持维度上,四个时间段的平均水平差异不明显,同时反映出经过二十多年的发展,满意度上却未有显著提高。在薪酬待遇和文化适应维度上,随着时间的演进,满意度逐步提高。在母国环境适应维度上,2000 年之后的满意度水平明显高于 2000 年之前的水平。

由 F 检验的计算结果可知,在 5% 的显著性水平下,不同时期回国的教师在薪酬待遇和文化适应方面存在显著差异。采用 LSD 方法对不同时期的水平两两对比分析,在薪酬待遇维度上,2000 年之前与 2008 至 2012 年($p=0.024<0.05$)和 2014 之后($p=0.000<0.05$)存在显著差异,2000 年之前的薪酬待遇满意度水平低于 2008 至 2012 年和 2013 至 2017 年的满意

度    表4-2  不同时期海归青年教师首聘期工作满意度差异

| 回国时期 | 2000年前 | 排序 | 2000—2007 | 排序 | 2008—2012 | 排序 | 2013—2017 | 排序 |
|---|---|---|---|---|---|---|---|---|
| 工作群体 | 3.22±0.67 | 3 | 3.05±0.76 | 5 | 3.13±0.72 | 5 | 3.14±0.78 | 5 |
| 工作本身 | 3.49±0.73 | 1 | 3.40±0.69 | 2 | 3.38±0.69 | 2 | 3.32±0.62 | 3 |
| 工作条件 | 3.19±0.86 | 4 | 3.23±0.83 | 4 | 3.23±0.89 | 4 | 3.29±0.77 | 4 |
| 生活支持 | 3.02±1.03 | 6 | 2.92±0.92 | 6 | 2.76±0.96 | 6 | 2.89±0.83 | 7 |
| 薪酬待遇* | 2.31±1.09 | 7 | 2.36±0.87 | 7 | 2.66±0.84 | 7 | 2.86±0.80 | 6 |
| 文化适应* | 3.11±0.74 | 5 | 3.36±0.67 | 3 | 3.53±0.77 | 3 | 3.67±0.59 | 1 |
| 母国环境适应 | 3.26±1.01 | 2 | 3.57±0.71 | 1 | 3.56±0.95 | 1 | 3.60±0.78 | 2 |

注:*代表$p$值小于0.05。

水平;2000至2007年与2013至2017年存在着明显差异($p=0.000<0.05$),2000至2007年的薪酬待遇满意度水平较低,见表4-3。综合来看,随着时间的演进,海归教师的薪酬待遇满意度水平随之提高,尤其在2008年之前与2008年之后有着显著差异(见图4-3),这与2008年国家一系列引才政策(如"海外高层次人才引进计划")出台刚好契合,人才引进计划的实施提高了海归教师的薪酬待遇标准,从本书研究结果上看,一定程度上达到了改善海归教师薪酬待遇满意度的目标。

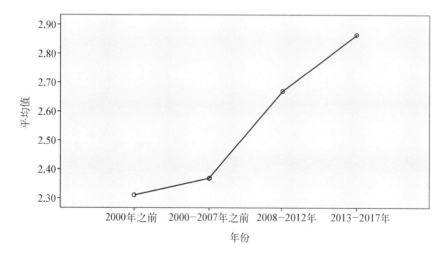

图4-3  不同时期薪酬待遇满意度差异

**表 4‑3　不同时期首聘期工作满意度的 LSD 多重比较分析**

| 因变量 | (I)回国时期 | (J)回国时期 | 平均值差值(I-J) | 标准误差 | 显著性 | 95％置信区间 上限 | 下限 |
|---|---|---|---|---|---|---|---|
| 薪酬待遇 | 2000年之前 | 2000—2007年 | −.058 | .171 | .734 | −.39 | .27 |
| | | 2008—2012年 | −.357* | .157 | .024 | −.66 | −.04 |
| | | 2013—2017年 | −.553* | .149 | .000 | −.84 | −.25 |
| | 2000—2007年 | 2000年之前 | .058 | .171 | .734 | −.27 | .39 |
| | | 2008—2012年 | −.299* | .123 | .016 | −.54 | −.05 |
| | | 2013—2017年 | −.495* | .113 | .000 | −.71 | −.27 |
| | 2008—2012年 | 2000年之前 | .357* | .157 | .024 | .04 | .66 |
| | | 2000—2007年 | .299* | .123 | .016 | .05 | .54 |
| | | 2013—2017年 | −.195* | .091 | .032 | −.37 | −.01 |
| | 2013—2017年 | 2000年之前 | .553* | .149 | .000 | .25 | .84 |
| | | 2000—2007年 | .495* | .113 | .000 | .27 | .71 |
| | | 2008—2012年 | .195* | .091 | .032 | .01 | .37 |
| 文化适应 | 2000年之前 | 2000—2007年 | −.253 | .134 | .061 | −.51 | .01 |
| | | 2008—2012年 | −.417* | .123 | .001 | −.66 | −.17 |
| | | 2013—2017年 | −.555* | .117 | .000 | −.78 | −.32 |
| | 2000—2007年 | 2000年之前 | .253 | .134 | .061 | −.01 | .51 |
| | | 2008—2012年 | −.164 | .097 | .093 | −.35 | .02 |
| | | 2013—2017年 | −.302* | .089 | .001 | −.47 | −.12 |
| | 2008—2012年 | 2000年之前 | .417* | .123 | .001 | .17 | .66 |
| | | 2000—2007年 | .164 | .097 | .093 | −.02 | .35 |
| | | 2013—2017年 | −.137 | .071 | .054 | −.27 | .01 |
| | 2013—2017年 | 2000年之前 | .555* | .117 | .000 | .32 | .78 |
| | | 2000—2007年 | .302* | .089 | .001 | .12 | .47 |
| | | 2008—2012年 | .137 | .071 | .054 | −.00 | .27 |

注：* 代表 $p$ 值小于 0.05。

在文化适应维度上，通过对不同回国时期的两两对比发现，2000 年之前海归教师的文化适应满意度明显低于 2008 至 2012 年（$p=0.001<0.05$）和 2013 至 2017 年（$p=0.000<0.05$）两个时期的水平；2000 至 2007 年期间回国的海归教师的文化适应满意度明显低于 2013—2017 年（$p=0.001<0.05$）时期的水平。从总体趋势来看，海归教师文化适应满意度逐年提高，结合我国高等教育体制的发展，探究其原因可能为我国高等教育国际化水平逐步

提升,国内高校管理体制与国外高校之间相互影响、相互交流渐渐深入,同时,高校中的海归教师的比例增多,增加了海归教师组织认同感,进而有利于海归教师回国后产生文化认同,文化适应满意度水平提高。

为了能够更加直观地体现各个维度满意度的变化和相互间的差异,依据表4-2绘制了各个维度满意度随时间变化的散点图(图4-4)。根据四个时期不同维度的满意度排列顺序将7个维度大致分为三类:第一类随着时间演进满意度下降,主要以工作本身维度为代表,在2000年之前,该维度的满意度较高,但在2013至2017年期间逐步下降,反映了海归教师在2000年之前对工作稳定性、工作压力、自我实现等方面的评价更好,近年来呈现出越来越差的情况;第二类是满意度没有明显变化,包括工作群体、工作条件和生活支持三个维度,其满意度处于各维度的中间水平,且彼此间差异不大。其中,生活支持的满意度在2008至2012年有所下降,生活支持主要包括住房政策、子女就学政策以及安排配偶工作等政策的实施,导致满意度不高的原因可能在于这些生活支持类的服务实际落实情况可能与海归教师的期望有所不符。随着各省市海外人才引进服务操作逐步细化,到2013年以后该维度的满意度有了回升。工作群体的满意度较为稳定,变化幅度不大;第三类是满意度随时间演进有明显提升,包括薪酬待遇、母国环境适应和文

图4-4　不同维度满意度随时间变化的散点图

化适应维度。其中文化适应满意度提升最为明显,由排名第五上升到排名第一位;薪酬待遇满意度水平尽管在各个时期均在所有维度中垫底,但纵向来看薪酬待遇满意度在逐步提升,尤其在 2008 年以后有了明显改善。

综合海归青年教师首聘期总体工作满意度和七个维度满意度来看,总体满意度在 2008 年后有所提升,各维度的满意度中仅有薪酬待遇、母国环境适应和文化适应得到了显著改善,工作本身的满意度随时间演进有所下降,工作群体和工作条件的满意度处于稳定。母国环境适应和文化适应满意度有所提升,一定程度上可能源于 2008 年以来国外经济形势的低迷和我国经济的快速发展形成的比较优势。后续访谈印证了这一观点,很多教师指出国内经济环境和就业前景较为可观促使其回国发展,回国后也感受到了日常生活便利、交通便捷等方面带来的积极影响($NJ01/GZ02/BJ01$)。随着国家不断加大对高层次人才薪酬待遇的补助,一些获得人才项目资助的教师表示薪酬待遇水平与国外差距不大,这部分教师薪酬待遇满意度整体较好。然而没能获得人才项目的教师薪酬待遇则相对较低,个别教师在调查问卷开放性回答中表述后悔回国,甚至提出了无"帽子"不回国的主张($ID$:20651763)。相较于工作压力、自我实现感等维度,工作本身的满意度近年来有所下降,这与人才项目的实施和近年来高校人事聘用制度的改革存在一定的关联,有学者指出具有显著等级特征的人才项目对学术职业人群施予了更为激烈的竞争压力,从长远来看未必有利于学术环境的整体优化、人才的引进、培养、使用和成长[1]。

## 第三节　海归青年教师首聘期工作
## 满意度的地区差异

### 一、不同类型城市海归青年教师首聘期工作满意度差异

以 2018 年 4 月 26 日《第一财经》发布的《城市划分榜单》为依据,对一

---

① 阎光才.学术等级系统与锦标赛制[J].北京大学教育评论,2012,10(3):8-23.

线城市、新一线城市和二线城市的海归青年教师首聘期工作满意度展开了进一步的对比分析。由于 2008 年以前样本相对较少,若在该时间限定基础上区分三种城市类型进行对比分析,存在一定的局限性;样本相对较集中地分布在 2008 至 2017 年间。因此,为保证本书研究的随机性,聚焦 2008 至 2017 年回国的 379 个样本展开地区差异对比分析。

通过计算近十年回国的青年教师首聘期工作满意度的平均值和持有满意倾向的占比,可以发现二线城市总体满意度水平最高(平均评分 3.23 分,39.47％倾向于满意),新一线城市总体满意度水平最低(平均评分 2.88 分,28.05％倾向于满意),一线城市处于中间水平(平均评分 3.07 分,36.69％倾向于满意),见图 4－5。从时间演进来看,一线城市的海归青年教师首聘期工作满意度波动较大,见图 4－6。新一线城市的海归青年教师首聘期工作满意度在三个类型城市中较低,但从近十年来的演进趋势来看,其满意度水平稳步提升,尤其近两年有明显提高趋势。2008 至 2015 年,二线城市海归青年教师工作满意度水平高于新一线城市,但是总体上没有显著的走高趋势。

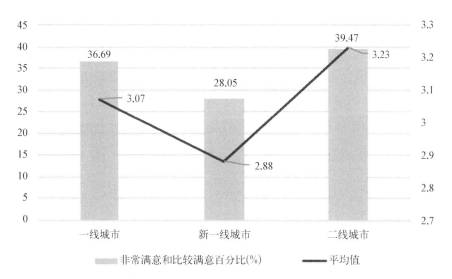

图 4－5　首聘期工作满意度平均值和满意倾向百分比的城市差异

## 二、部分代表性城市海归青年教师首聘期工作满意度差异

本书选取北京、上海、广州为一线城市代表,选取南京、西安、武汉、重庆

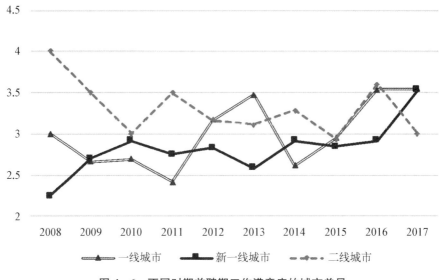

图 4-6　不同时期首聘期工作满意度的城市差异

为新一线城市的代表,二线城市选取大连和厦门作为代表。通过计算各代表城市海归青年教师首聘期工作满意度的平均评价(图 4-7)发现,北京和上海的工作满意度水平较高,广州的工作满意度较低。二线城市厦门和大连的工作满意度较高,厦门的工作满意度介于北京和上海之间,高于 3.3 分的平均评价水平,大连仅次于北京、厦门和上海。新一线城市中,中西部重庆、武汉和西安的满意度水平略低于二线城市,以及北京和上海两座一线城市;东部城市南京的满意度较低。总体来看,在三类代表城市中,海归青年教师首聘期工作满意度水平处于较低水平是一线城市广州和新一线城市南京。

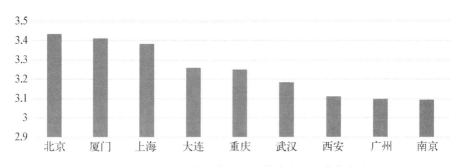

图 4-7　代表城市的海归青年教师首聘期工作满意度差异

### 三、海归青年教师首聘期工作满意度地区差异的多维度比较

（一）不同类型城市海归青年教师首聘期工作满意度

运用单因素方差分析方法进一步讨论不同城市类型海归青年教师首聘期工作满意度在 7 个因子上的差异，结果见表 4 - 4。计算结果表明，在 5% 的显著水平下，三个类型城市的海归青年教师在工作群体（$p = 0.008 <$ 0.05）、文化适应（$p = 0.006 < 0.05$）和母国环境适应（$p = 0.000 < 0.05$）方面存在显著差异；在 10% 的显著水平下，首聘期工作满意度总体水平（$p = 0.075 < 0.10$）和工作本身（$p = 0.064 < 0.10$）方面，不同城市类型间存在显著差异。

表 4 - 4　不同地区海归青年教师首聘期工作满意度差异

| 年　龄 | 一线城市 | 新一线城市 | 二线城市 | $F$ | $P$ |
|---|---|---|---|---|---|
| 总体水平 | 3.07±0.99 | 2.88±0.96 | 3.23±0.88 | 2.602 | 0.075 |
| 工作群体* | 3.28±0.73 | 3.01±0.77 | 3.16±0.77 | 4.869 | 0.008 |
| 工作本身 | 3.42±0.60 | 3.26±0.66 | 3.39±0.67 | 2.769 | 0.064 |
| 工作条件 | 3.35±0.88 | 3.21±0.74 | 3.30±0.78 | 1.123 | 0.326 |
| 生活支持 | 2.96±0.82 | 2.84±0.87 | 2.81±0.82 | 1.016 | 0.363 |
| 薪酬待遇 | 2.77±0.82 | 2.78±0.83 | 2.80±0.76 | 0.170 | 0.844 |
| 文化适应* | 3.76±0.56 | 3.57±0.69 | 3.51±0.62 | 5.244 | 0.006 |
| 母国环境适应* | 4.11±0.58 | 3.33±0.78 | 3.19±0.92 | 54.656 | 0.000 |

注：* 代表 $p$ 值小于 0.05。

采用 LSD 方法对不同时期的水平两两对比分析，见表 4 - 5，在工作群体方面，一线城市与新一线城市存在显著差异（$p = 0.002 < 0.05$），一线城市海归青年教师在与领导、同事、科研团队内部的合作、沟通与交流等方面明显高于新一线城市，与二线城市相比虽然在均值上高于二线城市，但是一线城市与二线城市在计算结果上未呈现显著差异；在文化适应和母国环境适应方面，一线城市与新一线城市和二线城市均呈现显著差异，且一线城市明显高于其他类型的城市，新一线城市高于二线城市。

表 4 - 5　不同地区首聘期工作满意度的 *LSD* 多重比较分析

| 因变量 | (*I*)城市类型 | (*J*)城市类型 | 平均值差值(*I*-*J*) | 标准误差 | 显著性 | 95％置信区间 | |
|---|---|---|---|---|---|---|---|
| | | | | | | 上限 | 下限 |
| 工作群体 | 一线城市 | 新一线城市 | .270* | .087 | .002 | .10 | .44 |
| | | 二线城市 | .123 | .107 | .251 | −.09 | .33 |
| | 新一线城市 | 一线城市 | −.270* | .087 | .002 | −.44 | −.10 |
| | | 二线城市 | −.147 | .105 | .161 | −.35 | .06 |
| | 二线城市 | 一线城市 | −.123 | .107 | .251 | −.33 | .09 |
| | | 新一线城市 | .147 | .105 | .161 | −.06 | .35 |
| 文化适应 | 一线城市 | 新一线城市 | .193* | .072 | .008 | .05 | .34 |
| | | 二线城市 | .252* | .089 | .005 | .08 | .43 |
| | 新一线城市 | 一线城市 | −.193* | .072 | .008 | −.34 | −.05 |
| | | 二线城市 | .060 | .087 | .495 | −.11 | .23 |
| | 二线城市 | 一线城市 | −.252* | .089 | .005 | −.43 | −.08 |
| | | 新一线城市 | −.060 | .087 | .495 | −.23 | .11 |
| 母国环境适应 | 一线城市 | 新一线城市 | .783* | .086 | .000 | .61 | .95 |
| | | 二线城市 | .917* | .107 | .000 | .71 | 1.13 |
| | 新一线城市 | 一线城市 | −.783* | .086 | .000 | −.95 | −.61 |
| | | 二线城市 | .134 | .104 | .196 | −.07 | .34 |
| | 二线城市 | 一线城市 | −.917* | .107 | .000 | −1.13 | −.71 |
| | | 新一线城市 | −.134 | .104 | .196 | −.34 | .07 |

注：* 代表 *p* 值小于 0.05。

（二）部分代表城市海归青年教师首聘期工作满意度的多维度对比

对部分代表城市高校青年海归教师首聘期不同维度满意度进一步比

较分析发现，母国环境适应（HEA）和文化适应（CA）满意度水平均较高（大于 3 分的评价可以认为平均水平倾向于满意的方向），除西安以外的城市，在这两方面的满意度水平均处于第一象限。其中，在环境适应维度，广州和上海的满意度水平较高，评分高于 4 分；其次是北京、厦门和南京，均属于东部城市。西安、武汉和重庆等中西部新一线城市的环境适应满意度较低。在文化适应维度，不同城市间差异不大，平均分在 3.4 至 3.8之间（见图 4-8）。

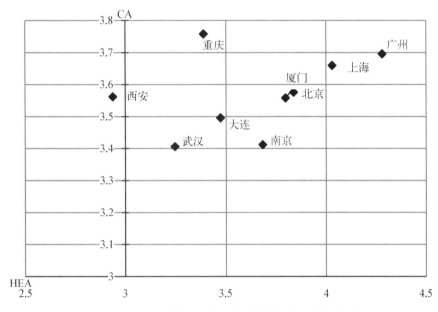

**图 4-8 母国环境适应和文化适应满意度的城市差异**

不同城市海归青年教师首聘期生活支持（LS）和薪酬待遇（CB）满意度评价均较低。在生活支持维度，北京、大连和西安的满意度较高，上海、广州、武汉、重庆、厦门和南京呈现不满意倾向，其中，厦门、重庆和武汉满意度较低，在 2.9 分以下，南京生活支持满意度最低。在薪酬待遇维度，9 个代表城市的满意度均较低，其中，南京亦是最低（见图 4-9）。

不同城市海归青年教师在工作群体（WG）和工作条件（WE）维度的满意度评价相对较好，多数城市在第一象限内，呈现满意的倾向。在工作群体满意度方面，武汉和南京均较低，平均水平呈现不满意倾向，广州处于尚可

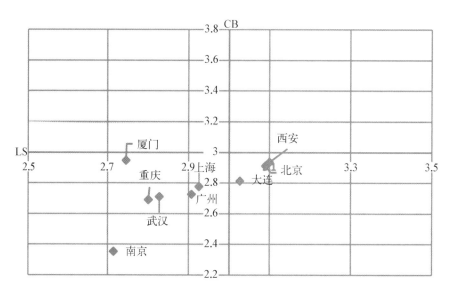

**图 4 - 9  生活支持和薪酬待遇满意度的城市差异**

水平,北京和上海在该方面的满意度较高。工作条件满意度方面,厦门、武汉、南京和重庆相对较低,大连、上海、北京等城市满意度水平较好(见图 4 - 10)。

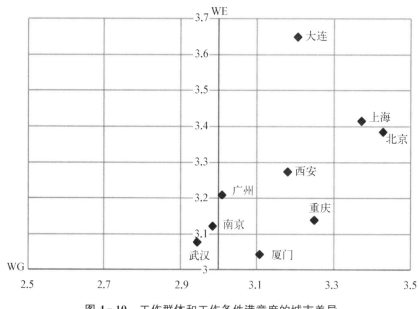

**图 4 - 10  工作群体和工作条件满意度的城市差异**

对不同城市海归青年教师工作本身满意度对比分析表明,北京满意度水平较高,上海、重庆和大连次之,南京、武汉和广州的海归青年教师首聘期的工作本身满意度水平较低(见图4-11)。

通过对不同地区的海归青年教师首聘期工作满意度进行对比分析发现,一线城市海归青年教师首聘期工作满意度处于三种不同类型城市的中间水平,不同年份波动比较大,仍有较大改善空间。在各个维度的满意度上,薪酬待遇满意度相对较低,其他方面的满意度高于其他城市类型。薪酬待遇是导致一线城市海归青年教师首聘期工作满意度不高的重要原因。

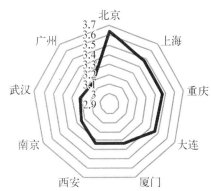

图4-11　工作本身满意度的城市差异

有学者提出,近两年北京、上海等一线城市开始控制人口流入,而新一线城市却相继出台新政策,加强人才引进,这种政策趋势下,有可能导致人才逃离北上广等一线城市,增加新一线城市吸引人才机会[①]。从三类城市的分析结果来看,北京、上海等地的海归青年教师首聘期工作满意度的平均水平始终高于新一线城市,若对薪酬体系加以调整,海归人才逃离北京和上海的可能不大,但同为一线城市的广州则情况不容乐观。

2008至2016年新一线城市海归青年教师整体满意度水平较低,2013年以来呈现逐步提升趋势。在与领导、同事、科研团队内部的合作、沟通与交流,以及文化适应和母国环境适应等方面,新一线城市海归青年教师低于一线城市的满意度水平。样本城市中武汉、西安和南京等城市的满意度在多个维度均表现较低,南京和武汉在文化适应、薪酬待遇、生活支持、工作群体以及工作条件等方面满意度均处于垫底位置。此前已有学者研究发现武汉、南京为近年来人才流失较为严重的地区[②③],本研究进一步印证了该观

① 周慧.人才争夺战重塑人口图谱,新一线城市常住人口快速增长[N].21世纪经济报道,2018-04-02.
② 黄海刚,曲越,连洁.中国高端人才过度流动了吗?——基于国家"杰青"获得者的实证分析[J].中国高教研究,2018(6):56-61.
③ 黄海刚,连洁,曲越.高校"人才争夺":谁是受益者?——基于"长江学者"获得者的实证分析[J].北京师范大学学报(社会科学版),2018(5):39-51.

点。以南京为例,南京高校的海归教师在访谈中反馈,在申请国家项目时困难较大,虽然高校排名尚可,但是相比北京高校,其与北京学术中心距离较远,且国际化程度不如上海,加之海归的教育背景使其国内学缘关系较弱,教师自身感觉处于学术边缘,项目申请时力不从心(NJ02),同时,南京的物价、房价和子女教育成本较高,因此导致了其多方面满意度均较低,其中生活支持和薪酬待遇满意度最低。

二线城市的海归青年教师首聘期工作满意度平均得分最高。样本中二线城市虽均不在"长三角"和"珠三角"范围内,但多为省会城市或经济中心城市,聚集了本省的优质资源,如哈尔滨、长春、兰州、厦门等。由于海归青年教师数量比一线城市少,故受到引才政策支持的比例较大。例如,样本中厦门市大约有58%的海归青年教师受到了引进人才政策的支持,兰州为62.5%,长春为40%,高于新一线城市。此外,从调查对象的反馈来看,二线城市中海归青年教师在"所在城市是否方便照顾父母"这个问题中的满意度较高,可以看出,在中国人的传统观念里,回归家庭、有家人陪伴会对其工作满意度起到积极的作用。这亦是二线城市吸引海归人才的优势所在。

## 第四节　不同特征的海归青年教师首聘期 工作满意度的时空差异

本小节进一步探求海归青年教师首聘期工作满意度在性别、职称、学校类型、回国年龄、海外生活时间,以及是否受到人才项目资助等方面的时空差异。在分析海归青年教师首聘期工作满意度空间差异时,将2008年前的样本与2008年及以后的样本分开对比分析,尽可能地细化不同时期的地区差异;在讨论海归青年教师首聘期工作满意度随时间变化时,由于2008年前每一年的样本分布较少,因此,主要聚焦2008至2017年近十年的演进和差异。

### 一、首聘期工作满意度的性别差异

经过计算发现,2008年以后海归青年教师首聘期工作满意度总体水平无明显性别差异,见图4-12。从不同城市类型分析性别差异发现,2008年之前一线城市男教师首聘期工作满意度水平高于女教师,2008年以后一线城市男教师满意水平略低于女教师;新一线城市刚好相反,2008年之前男教师首聘期工作满意度水平低于女教师,2008年以后高于女教师;二线城市男女教师满意度水平一直以来没有明显差异,见图4-13。

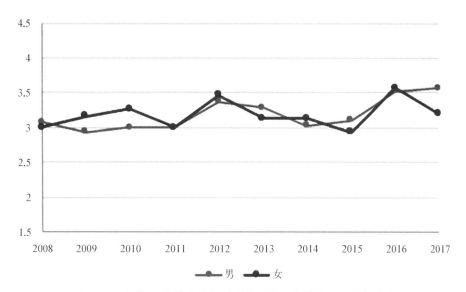

图4-12　不同性别海归青年教师首聘期工作满意度演进与差异

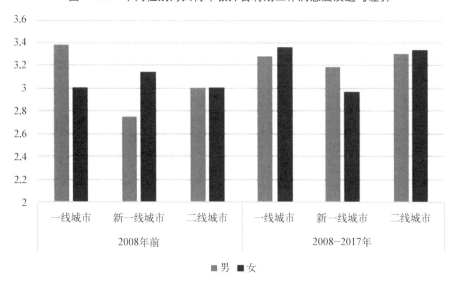

图4-13　不同性别海归青年教师首聘期工作满意度地区差异

　　进一步分析不同维度的满意度在性别上是否存在差异，分别计算工作群体、工作本身、工作条件等满意度的平均值，并且应用 SPSS 22.0 软件进行单因素方差分析，发现性别对海归青年教师首聘期工作满意度的各个维度未产生显著影响，见表 4 - 6。虽然海归青年教师首聘期工作总体满意度和各维度满意度在统计学上不存在显著差异，但是在工作群体方面女性满意度较高，薪酬待遇、工作本身等方面，男性教师满意度较高。

表 4 - 6　不同性别海归青年教师首聘期工作满意度差异

| 维度划分 | 男 | 女 |
| --- | --- | --- |
| 总体水平 | 3.19±0.22 | 3.17±0.82 |
| 工作群体 | 3.08±0.80 | 3.20±0.71 |
| 工作本身 | 3.55±0.73 | 3.50±0.67 |
| 工作条件 | 3.29±0.81 | 3.21±0.87 |
| 生活支持 | 2.89±0.91 | 2.90±0.87 |
| 薪酬待遇 | 2.69±0.91 | 2.62±0.85 |
| 文化适应 | 3.54±0.70 | 3.54±0.68 |
| 母国环境适应 | 3.57±0.85 | 3.59±0.79 |

注：* 代表 $p$ 值小于 0.05。

　　参考已有研究的相关结论，发现性别对高校教师工作满意度未产生显著影响。唐和塔尔帕德在研究大学教师工作满意度时，发现工作满意度不受性别因素的影响，但男性教师工作满意度在薪资待遇方面略高，女性教师工作满意度在人际关系方面较高[1]。辛格和考尔也有类似发现，总体满意度上性别差异不明显，但是在不同维度满意度上，男性和女性大学教师满意度会有所不同[2]。李稚琳在分析苏州大学引进的教师工作满意度时，发现性别差异对工作满意度的影响没有达到统计学上的显著水平，在工作本身、岗位津贴方面男教师满意度略高于女性，在学校管理、人际关系方面女性教师高

① Tang T L, Talpade M. Sex differences in satisfaction with pay and co-workers: Faculty and staff at a public institution of higher education[J]. Public Personnel Management，1999，28(3)：345 - 350.
② Singh G, Kaur R, Singh V. Job satisfaction among college and university teachers: a study of UGC, academic staff college[J]. International Journal of Trends in Economics, Management & Technology，2015，4(2)：1 - 9.

于男性教师[1]。本书研究发现与已有部分研究结论相符，一方面说明海归教师首聘期满意度在性别方面的差异特征与普通高校教师工作满意度相似，另一方面说明高校在开展海归人才引进和培养工作上没有明显性别差异。

## 二、回国时年龄及其首聘期工作满意度的差异

通过计算不同年龄回国的男女海归青年教师首聘期工作满意度总体水平的平均值（见图4-14），发现29岁以下回国的海归教师总体满意度水平随时间变化不大，平均值在3至4分之间波动，且与其他年龄回国的教师差异不大；30至35岁回国的教师总体满意度有略微上升趋势，平均值从2.5左右提升到3.5左右，从不满意倾向转为满意倾向，但是2015年之前30至35岁教师满意度水平普遍低于29岁以下回国的教师（2011年除外）；36至40岁回国海归教师总体满意度未呈现明显演进的趋势，在2.5至4分之间波动，2011年至2014年期间满意度较低。

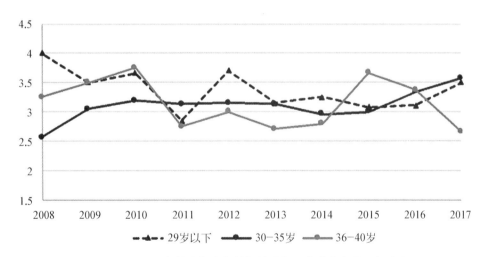

**图4-14 不同年龄海归青年教师首聘期工作满意度差异与演进**

进一步讨论不同城市海归青年教师首聘期工作满意度的年龄差异时发现，2008年前30至40岁回国的教师在不同城市类型的差异并不明显，但是其满意度明显低于29岁以下回国的教师；2008年后36至40岁回国且在

① 李稚琳.苏州大学引进教师工作满意度研究[D].苏州：苏州大学，2003：1-35.

一线城市工作的教师满意度水平高于其他年龄教师,36 至 40 岁回国且在二线城市工作的教师满意度显著低于其他年龄教师。

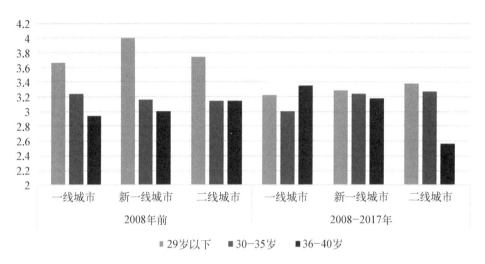

图 4-15　不同年龄海归青年教师首聘期工作满意度地区差异

通过计算总体水平和不同维度满意度的均值,以及运用单因素方差分析方法讨论不同回国年龄首聘期工作满意度水平上的差异(见表 4-7)发现,总体满意度水平由高到低为:29 岁以下的满意度较高,30 至 35 岁次之,36 至 40 岁最低,即 40 岁以下的教师回国时年龄越大,总体满意度越低。工作条件、薪酬待遇和文化适应满意度与之相同;工作本身满意度相反,回国时年龄越大,满意度水平越高。在 5% 的显著性水平下,回国时不同年龄的海归教师在文化适应维度上的 $F$ 检验值达到显著水平($Sig. = 0.050$),即回国时不同年龄的海归教师在文化适应和母国环境适应维度上存在显著差异。

表 4-7　不同年龄海归青年教师首聘期工作满意度差异

| 年　　龄 | 29 岁及以下 | 30—35 岁 | 36—40 岁 | $F$ | $P$ |
|---|---|---|---|---|---|
| 总体水平 | $3.32 \pm 0.90$ | $3.17 \pm 0.93$ | $3.09 \pm 1.06$ | 2.93 | 0.074 |
| 工作群体 | $3.23 \pm 0.77$ | $3.08 \pm 0.75$ | $3.08 \pm 0.75$ | 0.88 | 0.256 |
| 工作本身 | $3.50 \pm 0.67$ | $3.53 \pm 0.67$ | $3.54 \pm 0.79$ | 0.82 | 0.604 |
| 工作条件 | $3.31 \pm 0.75$ | $3.25 \pm 0.85$ | $3.20 \pm 0.81$ | 0.39 | 0.380 |

续　表

| 年　龄 | 29 岁及以下 | 30—35 岁 | 36—40 岁 | F | P |
|---|---|---|---|---|---|
| 生活支持 | 2.86±0.86 | 2.89±0.89 | 2.81±0.96 | 2.19 | 0.920 |
| 薪酬待遇 | 2.76±0.80 | 2.69±0.88 | 2.60±0.90 | 0.81 | 0.233 |
| 文化适应* | 3.67±0.58 | 3.57±0.67 | 3.29±0.76 | 5.16 | 0.002 |
| 母国环境适应* | 3.59±0.82 | 3.61±0.80 | 3.37±0.95 | 3.47 | 0.035 |

注：* 代表 $p$ 值小于 0.05。

进一步探究不同回国年龄对归国适应的影响程度,采用 LSD 方法对不同年龄段的情况进行两两检验(表 4-8),结果显示：在 5% 的显著性水平下,在文化适应方面,29 岁以下、30 至 35 岁、36 至 40 岁的海归教师均有着显著差异,29 岁以下的海归教师的文化适应满意度最高;30 至 35 岁与 36 至 40 岁的海归教师有着显著差异,30 至 35 岁的海归教师的文化适应满意度高于 36 至 40 岁的教师,年龄越大,文化适应的满意度越低。在 5% 的显著性水平下,在对母国环境适应方面,30 至 35 岁与 36 至 40 岁的海归教师有着显著差异,30 至 35 岁的海归教师的母国文化适应满意度高于 36 至 40 岁的教师;29 岁以下与 36 至 40 岁的海归教师有着显著差异,29 岁及以下的海归教师的母国文化适应满意度高于 36 至 40 岁的教师;在 5% 的显著性水平下,29 岁以下与 30 至 35 岁的海归教师有着显著差异,29 岁及以下的海归教师的总体水平满意度高于 30 至 35 岁的教师。综合来看,回国时年龄较小的海归青年教师在文化适应、母国文化适应和总体满意度水平维度上均高于年龄较大的海归教师。

**表 4-8　不同年龄海归青年教师首聘期工作满意度的 LSD 多重比较分析**

| 变量 | (I)年龄 | (J)年龄 | 平均值差值(I-J) | 标准误差 | 显著性 | 95% 置信区间 | |
|---|---|---|---|---|---|---|---|
| | | | | | | 下限 | 上限 |
| 文化适应 | 29 岁及以下 | 30—35 岁 | .228* | .107 | .035 | .01 | .44 |
| | | 36—40 岁 | .441* | .122 | .000 | .20 | .68 |

续　表

| 变量 | (I)年龄 | (J)年龄 | 平均值差值(I-J) | 标准误差 | 显著性 | 95%置信区间 | |
|---|---|---|---|---|---|---|---|
| | | | | | | 下限 | 上限 |
| 文化适应 | 30—35岁 | 29岁及以下 | −.228* | .107 | .035 | −.44 | −.01 |
| | | 36—40岁 | .213* | .097 | .029 | .02 | .40 |
| | 36—40岁 | 29岁及以下 | −.441* | .122 | .000 | −.68 | −.20 |
| | | 30—35岁 | −.213* | .097 | .029 | −.40 | −.02 |
| 母国环境适应 | 29岁及以下 | 30—35岁 | .055 | .130 | .674 | −.20 | .31 |
| | | 36—40岁 | .331* | .149 | .027 | .03 | .62 |
| | 30—35岁 | 29岁及以下 | −.055 | .130 | .674 | −.31 | .20 |
| | | 36—40岁 | .276* | .118 | .020 | .04 | .50 |
| | 36—40岁 | 29岁及以下 | −.331* | .149 | .027 | −.62 | −.03 |
| | | 30—35岁 | −.276* | .118 | .020 | −.50 | −.04 |
| 总体水平 | 29岁及以下 | 30—35岁 | .318* | .144 | .028 | .03 | .60 |
| | | 36—40岁 | .314 | .164 | .057 | −.01 | .63 |
| | 30—35岁 | 29岁及以下 | −.318* | .144 | .028 | −.60 | −.03 |
| | | 36—40岁 | −.004 | .130 | .974 | −.26 | .25 |
| | 36—40岁 | 29岁及以下 | −.314 | .164 | .057 | −.63 | .00 |
| | | 30—35岁 | .004 | .130 | .974 | −.25 | .26 |

注：* 代表 $p$ 值小于 0.05。

　　虽然有些研究发现年龄与工作满意度可能存在"U"的关系，即随着年龄越大，满意度具有先变低再回升的趋势[①]，也有研究发现年龄大、有经验

---

[①] Ingersoll R M. Teacher Turnover，Teacher Shortages，and the Organization of Schools[J]. Career Change，2001：37.

的教师工作满意度较比年龄小一些的教师工作满意度差[1]，但年龄与工作满意度之间仍然存在着不确定的关系[2]。本次调研发现回国年龄对工作满意度的五个维度未产生显著影响，对归国适应的两个维度产生显著影响。将海归青年教师分为三个年龄段后，发现随着年龄的增加，海归青年教师的首聘期总体满意度水平有所下降，35 至 40 岁之前回国的海归教师满意度水平较低。李稚琳研究发现 35 至 40 岁年龄的教师由于教学科研成果较多，工作满意度高于其他年龄段教师[3]。与之研究的普通高校教师工作满意度不同，本研究中回国年龄在 35 至 40 岁之间的教师情况并不理想，尤其在 2008 年以后一线城市工作的满意度水平，明显低于其他年龄的教师。在 35 至 40 岁时选择回国的海归教师，可能在国外已经具有一定的经验和积累，且在国外生活和工作时间较长，或者举家从国外迁移回国，或者家人在海外，自身独自回国，在生活和事业上均要重新适应新的环境，易产生逆向文化冲击，加之若在一线城市工作，生活成本较高，诸多因素可能导致了这一年龄阶段的海归教师回国首聘期工作满意度水平不高。

### 三、首聘期工作满意度的职称差异

探究不同职称等级的海归青年教师首聘期工作满意度差异，计算 2008 至 2017 年不同职称教师首聘期工作满意度总体水平的平均值，分析其差异性和变化趋势(图 4 - 16)，发现中级教师满意度有所下降，2013 年之前平均值为 3.5 分左右，倾向于比较满意，2013 年之后平均值在 3 分左右波动，倾向于不满意；副高级职称教师的满意度水平略微提升；正高级职称教师的满意度总体水平在 2013 年以后亦有所提升。对比来看，近五年正高级和副高级教师的满意度水平有所提高，中级教师的首聘期工作满意度相对较低。

比较不同城市类型的海归青年教师在首聘期处于不同职称级别时工作

① Perrachione B A，Petersen G J，Rosser V J. Why do they stay? Elementary teachers' perceptions of job satisfaction and retention[J]. Professional Educator，2008，32(2)，25 - 41.
② Armer T. T. Science teachers：factors that affect job satisfaction [D]. US. Minneapolis：Capella University，2011：50 - 71.
③ 李稚琳.苏州大学引进教师工作满意度研究[D].苏州：苏州大学，2003：25 - 26.

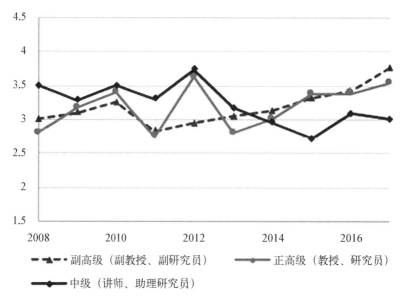

**图 4-16　不同职称海归青年教师首聘期工作满意度差异与演进**

满意度水平的差异(见图 4-17),发现 2008 年之前,一线城市的中级职称教师满意度较高,二线城市副高级和正高级职称的教师满意度较高;2008 年之后,一线城市的中级教师满意度水平明显下降,正高级的满意度明显提

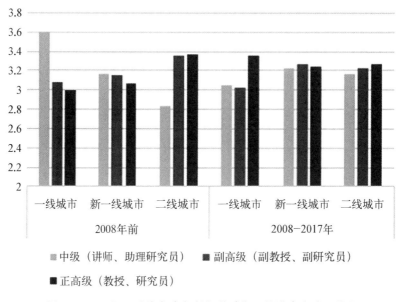

**图 4-17　不同职称海归青年教师首聘期工作满意度地区差异**

高,新一线城市和二线城市的三个级别的教师满意度差异不大。

计算首聘期不同职称水平的海归青年教师首聘期工作满意度总体水平和各维度满意度的均值,并采用单因素方差方法分析职称对工作满意度水平的影响,分析结果见表4-9。由计算结果可知,海归青年教师首聘期工作满意度总体水平、工作本身、生活支持和薪酬待遇,随着职称越高,满意度越高。工作群体、工作条件和归国适应的满意度中,副高级职称较低,职称未对其产生显著影响,说明与同事的关系、与领导的关系以及实验条件等方面,不同职称间满意度差异不明显。在5%的显著性水平下,不同级别职称海归青年教师的工作满意度在总体水平、工作本身、生活支持和薪酬待遇方面存在显著差异。

表4-9　不同职称海归青年教师首聘期工作满意度差异

| 职　　称 | 中　级 | 副高级 | 正高级 | $F$ | $P$ |
|---|---|---|---|---|---|
| 总体水平* | $3.09\pm0.93$ | $3.10\pm1.01$ | $3.42\pm0.87$ | 4.39 | 0.005 |
| 工作群体 | $3.13\pm0.79$ | $3.04\pm0.75$ | $3.20\pm0.79$ | 1.68 | 0.170 |
| 工作本身* | $3.43\pm0.71$ | $3.48\pm0.71$ | $3.71\pm0.68$ | 5.00 | 0.002 |
| 工作条件 | $3.29\pm0.82$ | $3.21\pm0.83$ | $3.31\pm0.82$ | 0.52 | 0.670 |
| 生活支持* | $2.68\pm0.90$ | $2.84\pm0.92$ | $2.96\pm1.02$ | 3.05 | 0.028 |
| 薪酬待遇* | $2.56\pm0.81$ | $2.63\pm0.87$ | $2.85\pm0.94$ | 2.94 | 0.033 |
| 文化适应 | $3.61\pm0.60$ | $3.49\pm0.70$ | $3.52\pm0.73$ | 1.16 | 0.323 |
| 母国环境适应 | $3.66\pm0.85$ | $3.52\pm0.78$ | $3.57\pm0.88$ | 0.87 | 0.455 |

注:＊代表 $p$ 值小于0.05。

对不同级别职称的海归青年教师首聘期工作满意度进行成对差异性比较,采用 LSD 方法进行两两检验,结果如表4-10所示。结果显示:5%的显著性水平下,正高级与中级、副高级职称的海归青年教师在总体工作满意度水平上有着显著差异,中级和副高级职称的海归青年教师总体满意度水平明显低于正高级职称的教师;在5%的显著性水平下,在工作本身方面,正高级海归青年教师与中级、副高级教师在工作本身满意度维度有着显著差异,正高级海归教师工作本身满意度水平均高于中级和副高级;在5%的显著性水平下,在生活支持方面,正高级与中级职称海归青年教师有着显著差异,中级职称海归青年教师生活支持方面的满意度水平明显低于正高级职称的教师;在5%的显著性水平下,在薪酬待遇方面,正高级与中级、副高级职称海归青年教师有着显著差异,中级和副高级职称海归青年教师薪酬待遇的满意度水平明显低于正高级职称教师。综合来看,正高级海归青年教师首聘期工作满意度水平与中级职称和副高级职称教师的差异比较明显,中级和副高级职称教师在总体水平、工作本身、生活支持和薪酬待遇方面均低于正高级教师。

表4-10 不同职称海归青年教师首聘期工作满意度的 LSD 多重比较分析

| 变量 | (I)职称 | (J)职称 | 平均值差值 (I-J) | 标准误差 | 显著性 | 95%置信区间 | |
|---|---|---|---|---|---|---|---|
| | | | | | | 上限 | 下限 |
| 工作本身 | 中级* | 副高级 | −.057 | .073 | .436 | −.20 | .08 |
| | | 正高级* | −.287* | .079 | .000 | −.44 | −.13 |
| | 副高级* | 中级 | .057 | .073 | .436 | −.08 | .20 |
| | | 正高级* | −.229* | .073 | .002 | −.37 | −.08 |
| | 正高级* | 中级* | .287* | .079 | .000 | .13 | .44 |
| | | 副高级* | .229* | .073 | .002 | .08 | .37 |
| 生活支持 | 中级* | 副高级 | −.156 | .099 | .114 | −.35 | .03 |
| | | 正高级* | −.278* | .106 | .009 | −.48 | −.06 |
| | 副高级 | 中级 | .156 | .099 | .114 | −.03 | .35 |
| | | 正高级 | −.121 | .098 | .219 | −.31 | .07 |
| | 正高级* | 中级* | .278* | .106 | .009 | .06 | .48 |
| | | 副高级 | .121 | .098 | .219 | −.07 | .31 |
| 薪酬待遇 | 中级* | 副高级 | −.069 | .092 | .453 | −.25 | .11 |
| | | 正高级* | −.282* | .100 | .005 | −.47 | −.08 |

续　表

| 变量 | （I）职称 | （J）职称 | 平均值差值（I-J） | 标准误差 | 显著性 | 95%置信区间 | |
|---|---|---|---|---|---|---|---|
| | | | | | | 上限 | 下限 |
| 薪酬待遇 | 副高级* | 中级 | .069 | .092 | .453 | -.11 | .25 |
| | | 正高级* | -.212* | .092 | .022 | -.39 | -.03 |
| | 正高级* | 中级* | .282* | .100 | .005 | .08 | .47 |
| | | 副高级* | .212* | .092 | .022 | .03 | .39 |
| 总体水平 | 中级* | 副高级 | -.009 | .099 | .927 | -.20 | .18 |
| | | 正高级* | -.332* | .107 | .002 | -.54 | -.12 |
| | 副高级* | 中级 | .009 | .099 | .927 | -.18 | .20 |
| | | 正高级* | -.323* | .099 | .001 | -.51 | -.12 |
| | 正高级* | 中级* | .332* | .107 | .002 | .12 | .54 |
| | | 副高级* | .323* | .099 | .001 | .12 | .51 |

注：*代表 $p$ 值小于0.05。

已有研究发现普通高校教师随着教师职称的上升，工作满意度随之提升[1]，如奥沙格贝米[2]、哈克[3]等，副教授和讲师对晋级和考评等感到压力较大，会影响工作精力的投入，使之工作满意度下降，进而产生职业倦怠感和挫折感[4]。亦有研究发现职称与整体工作满意度间的关系呈"U"型，即副高级教师工作满意度显著低于高级职称教师满意度[5]，如奥斯沃

① 李稚琳.苏州大学引进教师工作满意度研究[D].苏州：苏州大学,2003：27-28.
② Oshabegmi T. How satisfied are academics with their primary tasks of teaching, research and administration and management?[J]. International Journal of Sustainability in Higher Education，2000，1：2，124-135.
③ Haque M I. Job satisfaction of Indian academicians: a study based on gender and age[J]. The Indian Journal of Commerce，2004，57(2)：102-113.
④ 阎光才.学术等级系统与锦标赛制[J].北京大学教育评论,2012,10(3)：8-23.
⑤ 周艳丽,周珂.河南省高中体育教师工作满意度现状的调查研究[J].广州体育学院学报,2003,23(4)：53-55.

德①。职称对海归青年教师首聘期工作满意度的影响与普通高校教师情况相近,部分方面随着职称越高满意度水平越高。从访谈反馈来看,海归青年教师在首聘期一直处于中级职称,会产生较大的职称晋升压力,一方面由于海归教师自身的职业预期较高,设定了一定的晋升目标(SH02),另一方面来自学校"非升即走"的绩效压力,若在规定期限内未能顺利晋升,则面临离职、重新就业的风险,由此推断中级职称的教师多方面满意度较差。回国时直接以正高级职称聘任,或者在首聘期三年内荣升至正高级职称的海归教师一般在国外有一定的工作经验,高校在聘用时提供了具有相对吸引力的待遇或者可观的职业上升通道,对其首聘期工作满意度产生了积极影响。

### 四、首聘期工作满意度的学科差异

参考国务院学位委员会学科评议组审核授予学位的学科、专业范围划分的标准,将学科分为: 理学、工学、医学、农学、军事学、法学、经济学、管理学、哲学、教育学、文学、历史学和艺术学学科。为了进一步分析学科间教师工作满意度的区别,本书借鉴北京大学王旭在研究不同学科间差异时的分类方法,将学科归为理工科与人文社科两类②,相类似地,学者李思思系统地对高校理工科类和人文社科类教师工作压力和工作满意度进行了比较研究③,因此,本书参考已有研究,将学科归纳为理工科学科和人文社科学科两类,比较分析此两类学科的海归青年教师回国初期工作满意度水平是否有显著区别。

通过计算 2008 至 2017 年理工学科和人文社科学科海归教师首聘期工作满意度总体满意度的平均值(见图 4-18),发现人文社科学科海归教师满意度水平呈现下降的趋势,2008—2014 年期间略高于理工学科,2014 年之后低于理工学科。

① Clark A E, Oswald A J, Warr D. Is job satisfaction U-shaped in age? [J]. Journal of Occupational and Organizational Psychology, 1996, 69(1): 57-82.
② 王旭.理工科与人文社科学科服务的异同点——以北京大学图书馆学科服务为例[J].农业图书情报学刊,2017,29(9): 166-168.
③ 李思思.高校理工科类和人文社科类教师工作压力和工作满意度的比较研究[D].长沙:湖南师范大学,2015: 5-22.

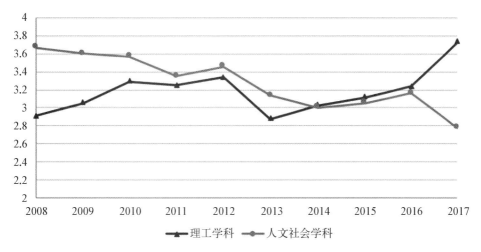

**图 4‑18 不同学科海归青年教师首聘期工作满意度差异与演进**

从不同城市类型对比分析(见图 4‑19)来看,一线城市人文社会科学海归首聘期工作满意度低于理工科教师;新一线城市,包括南京、成都、武汉和西安等地人文社会科学教师满意度较高,尤其在 2008 年之后,人文社会科学教师满意度明显高于理工教师;二线城市的情况与新一线城市不同,2008年以前理工学科教师满意度远高于人文社会科学。综合来看,不同城市类型不同学科海归教师满意度差异较大。

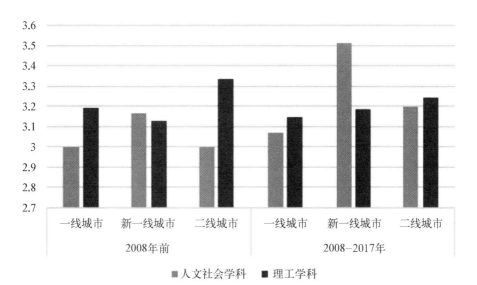

**图 4‑19 不同学科海归青年教师首聘期工作满意度地区差异**

采用独立样本 $T$ 检验的分析方法讨论不同学科的海归教师首聘期各个维度满意度水平上的差异,分析结果见表 4 - 11。由计算结果可知,人文科学学科海归青年教师的总体满意度水平高于理工学科。在 5% 的显著性水平下,不同学科的海归青年教师在生活支持维度上存在着显著差异,理工学科类海归青年教师在生活支持维度满意度高于人文社会学科类教师。

表 4 - 11 不同学科海归青年教师首聘期工作满意度差异

| 维度划分 | 理工学科 | 人文社会学科 | $F$ | $P$ |
| --- | --- | --- | --- | --- |
| 总体水平 | 3.16±0.96 | 3.28±1.00 | −1.173 | 0.241 |
| 工作群体 | 3.08±0.80 | 3.21±0.75 | −1.618 | 0.106 |
| 工作本身 | 3.52±0.73 | 3.58±0.69 | −0.956 | 0.340 |
| 工作条件 | 3.29±0.80 | 3.18±0.92 | 1.249 | 0.213 |
| 生活支持* | 2.89±0.93 | 2.68±1.03 | 2.076 | 0.030 |
| 薪酬待遇 | 2.69±0.89 | 2.65±0.92 | 0.390 | 0.696 |
| 文化适应 | 3.52±0.69 | 3.59±0.70 | −1.011 | 0.313 |
| 母国环境适应 | 3.56±0.83 | 3.63±0.86 | −0.819 | 0.413 |

注:* 代表 $p$ 值小于 0.05。

已有研究发现高校文科教师的满意度水平低于理工科教师,学校存在重理轻文的现象[1],本书发现,与普通高校教师不同,2014 年之前回国的海归教师人文社科专业的满意度水平较高,在工作群体、工作本身和归国适应等方面均高于理工科教师,但随着时间演进满意度呈现下降趋势,近三年的满意度水平低于理工科教师,从方差分析中发现,在生活支持方面显著低于理工科教师,这一点与国家、学校对理工科引进的资助政策倾向相吻合。如此来看,早些年人文社科专业的海归教师即使没有较好的扶持环境,满意度仍然相对较好。本次调研对海归教师进行了深入访谈,据人文社会科学教师反映,早年回国时工作压力相对较小,虽然国内外研究环境具有很大差别,但是在没有压力的情况下可以量力而行,而且由于海外的背景,学院领导比较重视,基于少量经费支持即可开展研究,而近几年学校已由编制聘任

---

[1] 吴娴.研究型大学教师工作满意度与职业倦怠关系研究[D].大连:大连理工大学,2009:15 - 40.

改为合同制形式,并且配有科研要求,加之科研经费不充足,教师的压力明显增加(WH02)。

## 五、首聘期工作满意度的校际差异

"211 工程"和"985 工程"是 20 世纪 90 年代我国为建设世界一流大学、一流学科而推动的重点建设项目,被列入这两项工程的高校获得了国家大量的财力投入,集中了优质资源。样本学校中有 32 所"985 工程"大学和 14 所"211 工程"大学,现将两类院校的海归青年教师首聘期工作满意度进行对比分析。通过计算 2008 至 2017 年两类院校海归青年教师首聘期工作满意度总体水平的平均值,讨论其满意度的差异和演进(见图 4 - 20),可以看出,2009 至 2013 年,"211"院校海归教师满意度呈现下降态势,2013 年至 2017 年有所回升;"985"院校未呈现明显变化趋势,平均值在 3 分左右波动,2009 至 2014 年期间"985"院校海归青年教师工作满意度高于"211"院校。

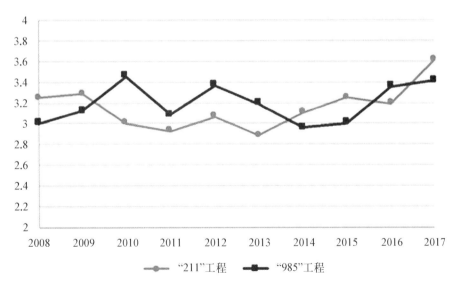

**图 4 - 20　不同学校类型海归青年教师首聘期工作满意度差异与演进**

进一步对不同城市类型的"985"高校和"211"高校海归青年教师首聘期工作满意度总体水平进行比较分析(见图 4 - 21),发现一线城市的"211"高校海归青年教师首聘期工作满意度低于"985"高校的教师。在访谈中教师反馈,一线城市中"985"高校较多,多数"985"高校由教育部直属,而多数"211"高校为部署或者地方政府,能够获取的平台资源有限,比较中会形成落差(SH02)。新一线城市"211"高校海归青年教师首聘期工作满意度高于"985"高校的教师,从一位海归教师对其求职过程的描述中获悉,新一线城市中"985"高校招聘时要求更高,但薪资、职称以及实验室配置等方面的待遇均不如"211"高校优越(WH01),即新一线城市的"211"高校为了吸引高层次海归人才,提供了更好的薪酬待遇、科研条件等,弥补了学术资源平台方面的不足。在 2008 年之前,二线城市的"211"高校教师满意度较高,2008年之后,其满意度低于"985"高校。

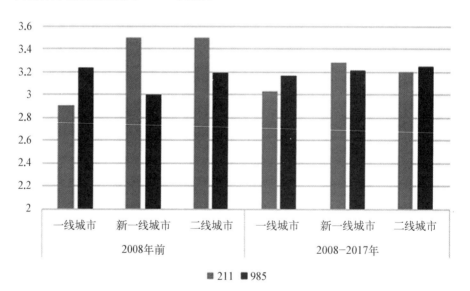

**图 4‑21  不同学校类型海归青年教师首聘期工作满意度地区差异**

通过计算"985"高校和"211"高校海归青年教师首聘期总体工作满意度和各维度满意度水平,并采用独立样本 $T$ 检验的分析方法讨论不同类型高校的差异,分析结果见表 4‑12。由计算结果可知,"985"高校总体满意度水平比"211"高校略高,在工作群体、工作本身、工作条件、生活支持等方面的满意度均高于"211"高校,在文化适应和母国环境适应方面,"985"高校亦较好。在 5% 的显著性水平下,不同高校类型的海归青年教师在工作群体、工作本身和文化适应维度上存在着显著差异。

表 4 - 12　不同学校类型海归青年教师首聘期工作满意度差异

| 维度划分 | "985"高校 | "211"高校 | $F$ | $P$ |
|---|---|---|---|---|
| 总体水平 | $3.17\pm0.08$ | $3.19\pm0.05$ | $-0.562$ | 0.580 |
| 工作群体* | $3.17\pm0.07$ | $3.13\pm0.04$ | 0.744 | 0.012 |
| 工作本身* | $3.39\pm0.06$ | $3.35\pm0.03$ | 0.676 | 0.013 |
| 工作条件 | $3.29\pm0.07$ | $3.25\pm0.04$ | 0.455 | 0.692 |
| 生活支持 | $4.01\pm0.69$ | $3.56\pm0.55$ | 0.593 | 0.507 |
| 薪酬待遇 | $3.27\pm0.70$ | $3.36\pm0.40$ | $-0.466$ | 0.684 |
| 文化适应* | $4.21\pm0.69$ | $3.56\pm0.04$ | 1.486 | 0.006 |
| 母国环境适应 | $3.59\pm0.08$ | $3.54\pm0.04$ | 0.588 | 0.534 |

注：* 代表 $p$ 值小于 0.05。

拉蒂夫、舍希德等学者发现政府资助的高校和私立高校教师工作满意度存在显著差异，政府资助的学校教师工作满意度明显超过私立学校[1]。在不同类型高校教师满意度上，有研究发现"985""211"高校女教师幸福感低于其他普通院校[2]。本书研究发现国家重点建设的"985"高校在工作群体、工作本身和文化适应满意度显著高于"211"高校，在总体满意度、工作条件、薪酬待遇方面，不同类型学校间差异不显著；此外，在薪酬待遇和总体工作满意度上"211"高校满意度的平均值更高，与已有研究发现有所不同。基于海归教师访谈内容发现部分"211"高校为吸引高层次人才提供的薪酬待遇更为优厚，而且在职称上提供"绿色通道"，可以直接聘为副高级或者正高级（WH 02），由此就职于该校的海归教师满意度较高。另一方面可能源于样本的分布特征，样本中"211"高校较多分布在新一线城市和二线城市，生活成本低于一线城市"985"高校，可能为本次调研中"211"高校在薪酬待遇和总体满意度平均值较高的原因之一。

[1] Latif K, Shahid M N. Job Satisfaction among Public and Private College Teachers of District Faisalabad, Pakistan: A Comparative Analysis [J]. Interdisciplinary Journal of Contemporary Research in Business，2011，3(8)：235 - 242.
[2] 姜淑梅，李喆，张春梅.高校女教师主观幸福感的调查及提升策略研究——以吉林省高校为例[J].吉林师范大学学报：人文社会科学版,2016(2)：108 - 116.

## 六、海外生活时间长短及其首聘期工作满意度的差异

归国适应理论认为在海外生活越久,回国后越容易产生逆向文化冲击,可能对工作满意度起到负向调节作用。因此,进一步分析不同海外生活时间的海归教师首聘期工作满意度的差异。通过计算 2008 至 2017 年海归教师首聘期工作满意度平均值(见图 4-22)发现,在海外生活十年以上后回国的教师首聘期工作满意度从 2008 年在一般水平波动,到 2014 年以后在接近于比较满意的水平波动,可以看出 2008 年至 2017 年,在海外生活十年以上的海归青年教师首聘期工作满意度有所提高;在海外生活五至十年的教师满意度近两年有所提高;在海外生活一至三年和三至五年的教师满意度水平没有明显变化。

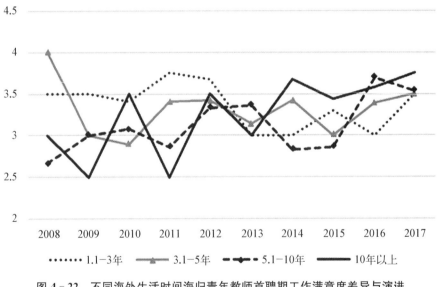

**图 4-22 不同海外生活时间海归青年教师首聘期工作满意度差异与演进**

通过对比不同城市类型的海归青年教师首聘期工作满意度发现,在海外生活十年以上的海归教师,2008 年前在一线城市的满意度最高,在新一线城市和二线城市满意度较低;2008 年之后没有明显区别,二线城市略高。在海外生活一至三年的海归教师,2008 年前在二线城市的满意度最高,2008 年以后明显下降;在海外生活五至十年的教师,2008 年前在新一线

城市满意度最低,2008 年以后与其他城市类型的满意度差距有所减少,详
见图 4 - 23。

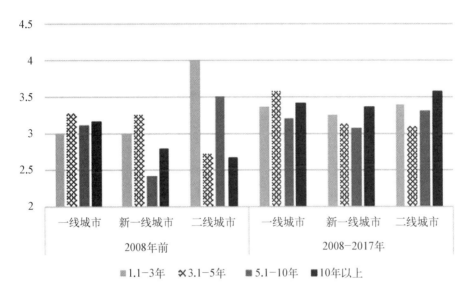

图 4 - 23　不同海外生活时间海归青年教师首聘期工作满意度地区差异

　　使用单因素方差分析方法讨论在海外时长对海归青年教师首聘期工作
满意度的影响,分析结果见表 4 - 13。可以看出海外生活时间在三至五年的
教师首聘期总体满意度最低。从细分维度看,在海外生活不同时间的教师
在总体满意度、工作群体方面的满意度具有明显差异,生活三至五年后回国
的教师满意度显著低于其他组别,但是在文化适应方面,在海外生活三至五
年的教师满意度显著高于其他组别的教师。

表 4 - 13　不同海外生活时间的海归青年教师首聘期工作满意度的差异

| 海外生活时间 | 1.1—3 年 | 3.1—5 年 | 5.1—10 年 | 10 年以上 | $F$ | $P$ |
|---|---|---|---|---|---|---|
| 总体水平* | 3.24±1.03 | 3.18±1.13 | 3.28±0.77 | 3.24±0.91 | 1.715 | 0.002 |
| 工作群体* | 3.15±0.79 | 2.89±0.82 | 2.98±0.82 | 3.10±0.97 | 1.761 | 0.000 |
| 工作本身 | 3.53±0.74 | 3.58±0.68 | 3.52±0.86 | 3.66±0.71 | 0.871 | 0.115 |
| 工作条件 | 3.20±0.87 | 3.18±1.05 | 3.26±0.92 | 3.44±0.74 | 0.444 | 0.854 |
| 生活支持 | 3.01±0.83 | 2.97±1.18 | 2.97±0.98 | 2.66±1.16 | 0.708 | 0.131 |

续 表

| 海外生活时间 | 1.1—3 年 | 3.1—5 年 | 5.1—10 年 | 10 年以上 | $F$ | $P$ |
|---|---|---|---|---|---|---|
| 薪酬待遇 | 2.80±0.87 | 2.54±1.13 | 2.83±0.84 | 2.69±0.92 | 0.628 | 0.400 |
| 文化适应* | 3.47±0.72 | 3.58±0.75 | 3.39±0.73 | 3.00±0.62 | 1.383 | 0.009 |
| 母国环境适应 | 3.65±0.78 | 3.60±0.99 | 3.50±0.72 | 3.43±0.75 | 0.675 | 0.333 |

注：* 代表 $p$ 值小于 0.05。

余晓飞在分析上海地区海归教师工作满意度时,认为国外累计生活时间仅对工作本身方面产生显著影响[1],与本书观点略有不同。本书发现国外累计生活时间在工作本身方面产生的影响未呈现显著差异,在总体水平、工作群体和文化适应方面差异显著。本次调研样本分布的特点与已有研究有所不同,研究对象分布时间跨度较大,较早回国的教师,在海外生活时间越长,对个体价值观产生影响的可能性越大,与国内的情况差距越大,致使总体满意度水平呈现显著差异,同时,也可能因为与同事关系、与领导关系等越容易产生观点不一致而导致工作群体满意度存在显著差异。

### 七、获得人才项目资助与否及其首聘期工作满意度的差异

经统计,样本中约有 35% 的海归教师首聘期工作获得人才项目的资助。通过计算 2008 至 2017 年的总体满意度平均值,对两部分教师首聘期工作满意度进行对比分析(见图 4 - 24)发现,获得人才计划资助的海归青年教师首聘期工作满意度明显高于未受到资助的教师,在 2013 至 2015 年期间,两类教师满意度均有所下降。

通过对不同城市的海归教师满意度的对比(见图 4 - 25)发现,2008 年之前,一线城市中获得资助的教师和未获得资助的教师满意度差异不明显,在二线城市工作且获得资助的教师满意度较高,明显高于其他城市类型;2008 至 2017 年期间,获得资助的教师满意度明显高于未获资助的教师,在一线城市工作且获得资助的海归教师满意度略高于其他类型城市的教师。

[1] 余晓飞.基于工作满意度视角的高校"海归"教师人力资源管理政策研究——以上海高校"海归"教师为例 [D].上海:复旦大学,2009:45-57.

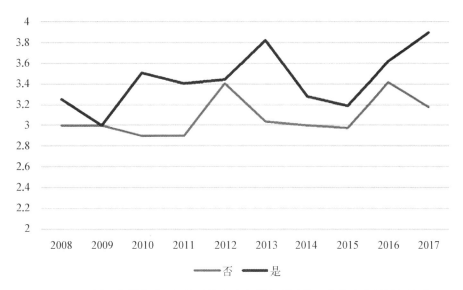

**图 4－24　是否获得人才项目资助海归青年教师首聘期工作满意度差异与演进**

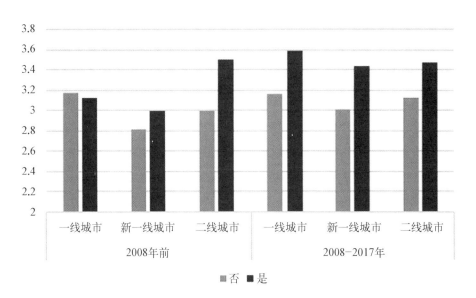

**图 4－25　是否获得人才项目资助海归青年教师首聘期工作满意度地区差异**

　　采用独立样本 $T$ 检验的分析方法讨论海归教师在回国初期是否受到国家、省市或者学校人才引进政策的支持对其工作满意度的影响,分析结果见表4－14。由表4－14的计算结果可知,在5％的显著性水平下,人才引进计划对海归青年教师的工作满意度总体水平,以及工作群体、工作本身、生活支持、薪酬待遇、文化适应等多个维度均有显著影响,受到人才引进政策支持的海归教师工作满意度总体水平以及各个维度的满意度水平均高于未享受人才引进计划支持的教师。

表 4 - 14　是否获得人才项目资助海归青年教师首聘期工作满意度差异

| 人才引进计划 | 否 | 是 | $F$ | $P$ |
| --- | --- | --- | --- | --- |
| 总体水平* | 3.07±1.00 | 3.43±0.86 | −4.207 | 0.000 |
| 工作群体 | 3.07±0.79 | 3.20±0.75 | −1.885 | 0.060 |
| 工作本身* | 3.46±0.75 | 3.68±0.60 | −3.609 | 0.000 |
| 工作条件 | 3.22±0.86 | 3.35±0.76 | −1.684 | 0.093 |
| 生活支持* | 2.73±0.98 | 3.02±0.88 | −3.407 | 0.001 |
| 薪酬待遇* | 2.50±0.90 | 3.00±0.78 | −6.590 | 0.000 |
| 文化适应* | 3.49±0.71 | 3.62±0.64 | −2.202 | 0.028 |
| 母国环境适应 | 3.58±0.85 | 3.58±0.81 | 0.008 | 0.994 |

注：＊代表 $p$ 值小于 0.05。

关于人才项目的作用已有学者持有积极观点,有学者认为青年教师处于科研创新"迸发"期,但工作初期难以独立,所以在职业起步阶段,政策导向上应给予青年人才足够的优待[1]。本书一定程度验证了人才项目对海归青年教师首聘期工作满意度的积极影响,但这种作用的强弱还有待于进一步讨论。亦有学者认为人才项目对教师起到激励的作用,但同时人才项目所构建起来的新的头衔系统,应该与教师正常职称的激励形成功能性的补偿,而不是功能替代,即不能夸大人才项目的效应,有效控制其外溢效应[2]。

---

[1] 陈敏,刘佐菁,陈杰,陈建新.完善青年科技人才支持政策对策建议——以广东省为例[J].科技管理研究,2019,(6)：29 - 34.
[2] 阎光才.学术等级系统与锦标赛制[J].北京大学教育评论,2012,10(3)：8 - 23.

# 第五章
# 海归青年教师首聘期工作满意度影响因素研究

本章通过构建海归青年教师首聘期工作满意度的影响因素模型,分析不同维度和个人特征变量对其满意度的调节作用程度,揭示不同时期和不同地区海归青年教师首聘期工作满意度的主要影响因素。本章共分为四个部分,第一部分为结构方程模型的概述;第二部分为建立静态的结构方程模型,对海归青年教师回国初期工作满意度影响因素模型进行验证;第三部分探究不同时期海归青年教师回国初期工作满意度主要影响因素;第四部分探究不同地区海归青年教师回国初期工作满意度主要影响因素。

## 第一节　海归青年教师首聘期工作
## 满意度影响因素模型

结构方程模型是一种多变量统计技巧,结合了(验证性)因素分析与经济计量模型的技巧,利用已有实证资料来确认假设的潜在变量间的关系,以及潜在变量与显性指标的一致性程度,从而对研究者所提的假设模型隐含的协方差矩阵与实际搜集数据导出的协方差矩阵之间的差异进行验证。通常结构方程模型包含两个次模型:测量模型和结构模型,测量模型描述的潜在变量如何被相对应的显性指标所测量或概念化;结构模型是潜在变量之间的关系,以及模型中其他变量无法解释的变异量部分。

　　结构方程模型的方法被大量应用在教师工作满意度的影响因素分析和工作满意度对离职倾向、工作绩效等方面的中介作用影响的研究中。由于结构方程模型能够较好地解决隐变量的测量问题，即存在的无法直接进行测量的变量。例如，马米舍什维利和罗瑟基于结构方程模型分析了高校教师的生产力水平对工作满意度的影响[1]；阿纳法塔应用结构方程模型探究工作—生活冲突对工作满意度的影响[2]；黄桂梅等学者使用结构方程模型构建了中学教师工作满意度量表，以分析其工作满意度的构成和影响因素[3]；徐志勇和张东娇应用结构方程模型探究学校文化认同、组织文化氛围、工作满意度和学校效能之间的影响关系[4]。本研究中工作本身、工作群体、薪酬待遇以及归国适应等变量为无法直接测量的变量，因此，本书通过建立结构方程模型来探究不同因素对首聘期工作满意度的调节作用程度。

　　基于前文理论基础和研究假设，构建海归青年教师首聘期工作满意度影响因素的结构方程模型。在模型构建的过程中，通过一阶潜变量工作本身、工作群体、薪资待遇、生活支持，以及工作条件等，计算二阶潜变量首聘期工作满意度，分析激励因素和保健因素对首聘期工作满意度的影响程度，探寻主要影响因素。通过一阶潜变量母国环境适应和文化适应测量二阶潜变量归国适应情况，讨论工作满意度和归国适应的相互关系。同时，分析不同特征的变量和对工作满意度和归国适应影响的显著性关系和影响程度，其中，第四章中初步分析了个人特征变量对总体满意度和细分维度满意度的影响作用，发现职称、海外生活时间和人才项目资助对总体满意度呈现显著影响，因此，将这三类个人特征变量加入首聘期工作满意度影响因素模型中，进一步测量其对首聘期工作满意度的调节程度。具体模型关系如图 5-1 所示。

① Mamiseishvili K, Rosser V. Examining the Relationship between Faculty Productivity and Job Satisfaction[J]. Journal of the Professoriate, 2011, 5(2): 68-100.
② Anafarta N. The Relationship between Work-Family Conflict and Job Satisfaction: A Structural Equation Modeling (SEM) Approach[J]. International Journal of Business and Management, 2011, 6(4): 168-177.
③ 黄桂梅, 黄丹媚, 张敏强. 以结构方程模型构建中学教师工作满意度量表[J]. 中国临床心理学杂志, 2008, 16(6): 620-621.
④ 徐志勇, 张东娇. 学校文化认同、组织文化氛围与教师满意度对学校效能的影响效应: 基于结构方程模型(SEM)的实证研究[J]. 教育学报, 2011(10): 116-128.

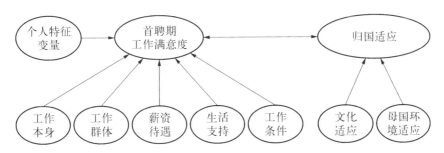

**图 5-1 海归青年教师首聘期工作满意度影响因素模型构建**

在前文构建的模型中,对潜变量的赋值采用最大似然法计算的因子值作为相应潜变量的计算值。由于 2008 年之前,海归教师的引进规模和样本数量较少,在测量影响因素时,主要对 2008 至 2017 年回国的海归教师进行分析。以 2008 至 2017 年间回国的 379 个样本数据,采用 $Mplus7.4$ 软件对模型进行验证,计算结果如表 5-1 所示,$\chi^2/df = 2.230$,$CFI = 0.926$,$TLI = 0.902$,$SRMR = 0.057$,$RMSEA = 0.061$。该模型 $CFI$ 与 $TLI$ 接近 0.90,$SRMR$ 小于 0.8,模型拟合可以接受,路径系数具有统计学意义[①]。因此,后续时间差异和地区差异的对比分析均在该模型基础上进行。

**表 5-1 海归青年教师首聘期工作满意度影响因素模型拟合参数和路径系数**

| 模型拟合 | $\chi^2/df$ | $CFI$ | $TLI$ | $SRMR$ | $RMSEA$ |
|---|---|---|---|---|---|
| | 2.230 | 0.926 | 0.902 | 0.057 | 0.061 |
| 假设与路径 | 路径系数 | 标准误 | | $P$ 值 | 是否支持假设 |
| 工作本身→首聘期工作满意度 | 0.829 | 0.029 | | 0.000 | 是 |
| 工作群体→首聘期工作满意度 | 0.916 | 0.038 | | 0.000 | 是 |
| 薪资待遇→首聘期工作满意度 | 0.766 | 0.053 | | 0.000 | 是 |
| 生活支持→首聘期工作满意度 | 0.699 | 0.022 | | 0.000 | 是 |
| 工作条件→首聘期工作满意度 | 0.751 | 0.018 | | 0.000 | 是 |
| 海外生活时间→首聘期工作满意度 | −0.101 | 0.063 | | 0.110 | 否 |

---

① 温忠麟,侯杰泰,马什赫伯特.结构方程模型检验:拟合指数与卡方准则[J].心理学报,2004,36(2): 186-194.

续　表

| 模型拟合 | $\chi^2/df$ | CFI | TLI | SRMR | RMSEA |
|---|---|---|---|---|---|
| | 2.230 | 0.926 | 0.902 | 0.057 | 0.061 |

| 假设与路径 | 路径系数 | 标准误 | P 值 | 是否支持假设 |
|---|---|---|---|---|
| 人才项目→首聘期工作满意度 | 0.160 | 0.062 | 0.013 | 是 |
| 职称→首聘期工作满意度 | 0.114 | 0.068 | 0.093 | 否 |
| 文化适应→归国适应 | 0.821 | 0.089 | 0.000 | 是 |
| 母国环境适应→归国适应 | 0.446 | 0.106 | 0.000 | 是 |
| 海外生活时间→归国适应 | −0.222 | 0.083 | 0.000 | 是 |
| 人才项目→归国适应度 | 0.080 | 0.083 | 0.332 | 否 |
| 职称→归国适应 | −0.002 | 0.090 | 0.985 | 否 |
| 归国适应⇌首聘期工作满意度 | 0.673 | 0.087 | 0.000 | 是 |

注：表中路径系数为标准化系数。

　　根据结构方程模型计算的结果，绘制变量间关系图，见图 5-2 所示。

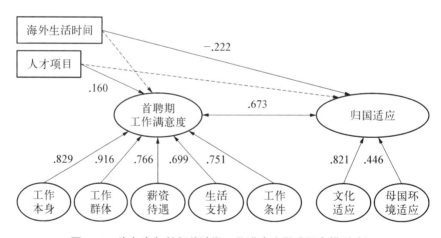

**图 5-2　海归青年教师首聘期工作满意度影响因素模型验证**

注：图中路径系数为标准化系数，实线代表显著关系($p<0.01$)，虚线代表不显著关系($p>0.05$)。

　　从计算结果来看，个人特征变量中海外生活时间对归国适应有显著影响(标准化系数为−0.222)，政策支持对首聘期工作满意度有显著影响(标准化系数为 0.160)。模型计算结果显示，职称对首聘期工作满意度和归国适应没有显著影响。工作本身、工作群体、薪酬待遇、生活支持和工作条件，对海归教师首聘期工作满意度有显著影响（标准化系数分别为 0.829、0.916、0.766、0.699 和 0.751）；文化适应和母国环境适应对总体的归国适应有显著影响（标准化系数分别为 0.821 和 0.446）；归国适应和首聘期工作满意度存在显著相关关系（标准化系数为 0.673）。

依据该模型的计算结果，可以判断海归青年教师首聘期工作满意度的主要影响因素为工作群体，即海归教师与领导、同事、科研团队内部的合作、沟通与交流，以及单位、科研平台和科研团队。其次为工作本身，职业本身的自主性、稳定性、压力程度、工作目标实现程度、成就感和责任感等方面。接下来是薪酬待遇和工作条件，这两方面的影响作用相近，是指海归教师首聘期工资收入，获得的科研启动经费情况，是否享受人才引进政策所提供的补贴、奖金等福利待遇，以及对未来加薪的预期和高校向其提供的办公条件、办公环境等。对于不分时期、不分地区整体海归青年教师首聘期工作满意度来说，生活支持的作用相对较小，即对其配偶、子女的安排等。归国适应与首聘期工作满意度呈现显著正向相关关系，影响程度比工作群体、工作本身方面弱一些，与生活支持的作用接近。虽然人才项目亦对首聘期工作满意度有显著影响，但是其影响程度较弱，可以理解为人才项目有助于工作满意度的提升，但是其作用具有局限性。

已有关于普通高校教师满意度的研究中，教师对工作性质、工作投入感方面的感受较为积极，薪酬、领导管理方面降低了教师的工作满意度[1]。对于青年教师来说，工作压力尤为突出，对其学术工作的情绪产生了主要影响[2]。余晓飞在 2009 年对上海海归教师工作满意度的影响因素进行了讨论，同样认为学术支持和工作本身为关键影响因素，生活支持对总体工作满意度影响不显著[3]，与本书的研究结果有相似亦有不同，随着时间的演进，海归教师对工作满意度的影响因素可能会有差异。

---

[1] 谢钢.高校教师工作满意度的心理浅析[J].技术经济,2000(5):51-54.

[2] 杨娟,金帷.高校教师学术工作的满意度与压力——国际比较与个案分析[J].教育学术月刊,2018(06):19-27.

[3] 余晓飞.基于工作满意度视角的高校"海归"教师人力资源管理政策研究——以上海高校"海归"教师为例[D].上海:复旦大学,2009:43-45.

## 第二节　不同时期海归青年教师首聘期
工作满意度影响因素

### 一、不同时期首聘期工作满意度影响因素差异

基于上述海归青年教师首聘期工作满意度影响因素模型,进一步探究不同时期回国的教师首聘期工作满意度主要影响因素是否存在差异。将 2008 至 2017 年的样本分为两个时间段:2008 至 2012 年和 2013 至 2017 年,计算两个时间组的工作满意度影响因素。

2008 至 2012 年回国的青年教师首聘期工作满意度影响因素模型计算结果见表 5 − 2,$\chi^2/df=1.723$,$CFI=0.901$,$TLI=0.898$,$SRMR=0.073$,$RMSEA=0.069$,该模型 $CFI$ 与 $TLI$ 接近于 0.90,$SRMR$ 小于 0.8,模型拟合可以接受。从 2008 至 2012 年组结果来看,工作本身、工作群体、薪酬待遇、生活支持和工作条件,对海归教师首聘期工作满意度起到显著影响(标准化系数后,贡献率分别为 0.821、0.981、0.673、0.487 和 0.732),原假设在 2008 至 2012 年的计算结果中成立;文化适应和母国环境适应对总体的归国适应存在显著影响(标准化系数后,贡献率分别为 0.938 和 0.428),原假设成立;归国适应和首聘期工作满意度存在显著相关关系(标准化系数为 0.645),原假设成立。个人特征变量中,海外生活时间对归国适应有显著影响(标准化系数为 −0.321),海外生活时间亦对首聘期工作满意度有显著影响(标准化系数为 −0.195),说明在海外生活时间越久的教师回国后的适应和首聘期满意度相对较低。此外,2008 至 2012 年组计算结果表明,人才项目的作用尚未体现出来,对归国适应和工作满意度均没有显著影响,职称对首聘期工作满意度和归国适应没有显著影响,因此,关于个人特征变量影响作用的假设部分成立。

2013 至 2017 年回国的青年教师首聘期工作满意度影响因素模型计算结果见表 5 − 3,$\chi^2/df=1.952$,$CFI=0.911$,$TLI=0.905$,$SRMR=0.062$,$RMSEA=0.066$。该模型 $CFI$ 与 $TLI$ 大于 0.85,$SRMR$ 小于 0.8,模型拟

表 5‑2　2008—2012 年影响因素模型拟合参数和路径系数

| 模型拟合 | $\chi^2/df$ | CFI | TLI | SRMR | RMSEA |
|---|---|---|---|---|---|
| | 1.723 | 0.901 | 0.898 | 0.073 | 0.069 |
| 假设与路径 | 路径系数 | 标准误 | | P 值 | 是否支持假设 |
| 工作本身→首聘期工作满意度 | 0.821 | 0.040 | | 0.000 | 是 |
| 工作群体→首聘期工作满意度 | 0.981 | 0.050 | | 0.000 | 是 |
| 薪资待遇→首聘期工作满意度 | 0.673 | 0.047 | | 0.000 | 是 |
| 生活支持→首聘期工作满意度 | 0.487 | 0.063 | | 0.000 | 是 |
| 工作条件→首聘期工作满意度 | 0.732 | 0.087 | | 0.000 | 是 |
| 海外生活时间→首聘期工作满意度 | −0.195 | 0.048 | | 0.001 | 是 |
| 人才项目→首聘期工作满意度 | 0.059 | 0.062 | | 0.549 | 否 |
| 职称→首聘期工作满意度 | 0.226 | 0.103 | | 0.089 | 否 |
| 文化适应→归国适应 | 0.938 | 0.123 | | 0.000 | 是 |
| 母国环境适应→归国适应 | 0.428 | 0.234 | | 0.000 | 是 |
| 海外生活时间→归国适应 | −0.321 | 0.111 | | 0.000 | 是 |
| 人才项目→归国适应度 | 0.090 | 0.118 | | 0.872 | 否 |
| 职称→归国适应 | −0.002 | 0.090 | | 0.432 | 否 |
| 归国适应→首聘期工作满意度 | 0.645 | 0.192 | | 0.002 | 是 |

注：表中路径系数为标准化系数。

合可以接受。从计算结果来看，工作本身、工作群体、薪酬待遇、生活支持和工作条件，对海归教师首聘期工作满意度有显著影响，原假设在 2013 至 2017 年计算结果中成立；文化适应和母国环境适应对总体的归国适应具有显著影响，原假设成立；归国适应和首聘期工作满意度存在显著相关关系，原假设成立。个人特征变量中，人才项目资助和职称对首聘期工作满意度具有显著影响，海外生活时间对归国适应具有显著影响，关于个人特征变量影响作用的假设部分成立。其中，海外生活时间对工作满意度的影响未体现出来，即 2013 年以前海外生活时间越长的教师首聘期工作满意度越低，2013 年以后海归青年教师工作满意度水平不在受海外生活时间长短影响。在2013至 2017 年期间，人才项目对海归青年教师首聘期满意度具有显著影响

（$p$<0.05），但是影响系数仅为 0.182，相对与工作本身、工作群体和薪资待遇等方面为 0.8 左右的调节系数，人才项目的调节程度相对较弱。

表 5 - 3　2013—2017 年影响因素模型拟合参数和路径系数

| 模型拟合 | $\chi^2/df$ | CFI | TLI | SRMR | RMSEA |
|---|---|---|---|---|---|
| | 1.952 | 0.911 | 0.905 | 0.062 | 0.066 |
| 假设与路径 | 路径系数 | 标准误 | | P 值 | 是否支持假设 |
| 工作本身→首聘期工作满意度 | 0.836 | 0.087 | | 0.000 | 是 |
| 工作群体→首聘期工作满意度 | 0.888 | 0.136 | | 0.000 | 是 |
| 薪资待遇→首聘期工作满意度 | 0.806 | 0.096 | | 0.000 | 是 |
| 生活支持→首聘期工作满意度 | 0.787 | 0.111 | | 0.000 | 是 |
| 工作条件→首聘期工作满意度 | 0.771 | 0.105 | | 0.000 | 是 |
| 海外生活时间→首聘期工作满意度 | −0.020 | 0.063 | | 0.728 | 否 |
| 人才项目→首聘期工作满意度 | 0.182 | 0.101 | | 0.017 | 是 |
| 职称→首聘期工作满意度 | 0.039 | 0.068 | | 0.033 | 是 |
| 文化适应→归国适应 | 0.745 | 0.089 | | 0.000 | 是 |
| 母国环境适应→归国适应 | 0.431 | 0.199 | | 0.000 | 是 |
| 海外生活时间→归国适应 | −0.222 | 0.023 | | 0.000 | 是 |
| 人才项目→归国适应度 | 0.164 | 0.100 | | 0.101 | 否 |
| 职称→归国适应 | −0.075 | 0.070 | | 0.287 | 否 |
| 归国适应→首聘期工作满意度 | 0.652 | 0.041 | | 0.000 | 是 |

注：表中路径系数为标准化系数。

　　从两组的计算结果来看，海归青年教师的归国适应水平较好，细分维度母国环境适应和文化适应评价平均值分别为 3.59 和 3.63，均在 3.5 分以上，倾向于比较适应的程度。海归青年教师归国适应与首聘期工作满意度均呈现正相关关系，且在两个时期相关的程度相近（相关系数分别为 0.645 和 0.652）。

## 二、不同时期首聘期工作满意度影响因素的特征

　　本书建立了海归青年教师首聘期工作满意度影响因素模型，对 2008

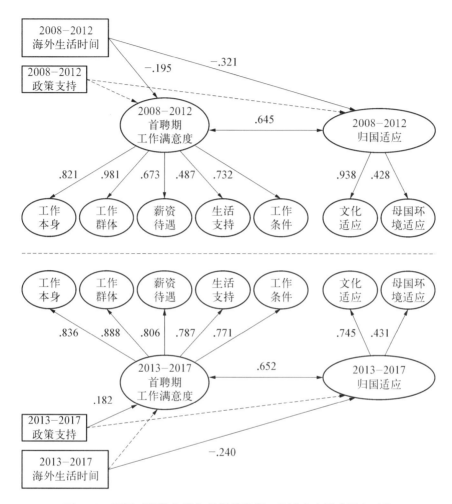

**图 5-3 不同时期海归青年教师首聘期工作满意度影响因素对比**

注：图中路径系数为标准化系数，实线代表显著关系（$p<0.01$），虚线代表不显著关系（$p>0.05$）。

至 2012 年和 2013 至 2017 年两个时期回国的青年教师首聘期工作满意度的影响因素进行分析，研究发现如下：

（一）工作群体和工作本身为首聘期工作满意度的主要影响因素

海归教师在科研团队和科研平台等方面的满意度对首聘期整体满意度产生的影响程度最大，2008 至 2012 年期间系数为 0.821 和 2013 至 2017 年期间系数为 0.836，其次是工作的自主性、压力程度和工作目标实现程度等。随着时间的演进，科研团队和科研平台方面对满意度的影响有所减小，工作的压力程度和工作目标实现程度对工作满意度的影响稍有增加。由此可见,虽然科研团队和科研平台类的外部环境很重要,但是海归青年教师对工作的自主性和压力程度等内在方面愈发重视。

工作群体方面,部分院校组织有经验的教师分享课题申报等方面的经验,有助于促进海归青年教师对国内学术环境的适应,同时,增加了同事间的交流和沟通,一定程度上提升了海归青年教师首聘期工作满意度。工作本身方面,有的海归青年教师表示,入职后发现所面临的工作压力比之前预想的大得多,完全是意料之外[①],一定程度上对其首聘期工作满意度造成了影响。

### (二) 薪酬待遇和生活支持对工作满意度的影响明显增强

2008 至 2012 年组的模型中,薪酬待遇和生活支持对海归教师首聘期工作满意度的影响程度较小(标准化路径系数分别为 0.673 和 0.487),影响作用低于工作条件;2013 至 2017 年组的模型中,薪酬待遇和生活支持的作用明显增加(标准化路径系数分别为 0.806 和 0.787),不仅高于工作条件,而且与工作本身的作用十分接近。

由此可见,随着时间演进,海归青年教师对薪资水平和对未来的薪酬预期,以及学校为其配偶、子女教育的安排等方面愈发关心和重视,从工作本身等逐步向薪酬待遇等方面倾斜。这样的趋势可能来源于两个方面,一是近年来回国的青年教师更加注重现实性的问题,早些年回国的教师主要考虑工作本身的内涵,对薪酬等方面重视程度相对较低;另一方面,虽然有些海归青年教师的工资收入高于本土教师,但由于再适应、生活压力等诸多因素,使得海归青年教师的生存状况并没有想象中的优越[②]。例如,有海归教师表示,虽然自身回国工作,子女为外国国籍,国内国际学校资源有限且费用过高,妻子和子女均未回国,与家人聚少离多(SH01),其首聘期满意度会受到一定程度的影响。

回顾过去二十年间的研究发现,学者们相继关注了社会、政治、经济

---

① 朱佳妮."学术硬着陆":高校文科青年海归教师的工作适应研究[J].复旦教育论坛,2017,15(3):87-92.
② 李唐,程丽如,方舒.高校海归青年教师生存现状分析——基于 ZR 大学等首都六所高校的调查[J].学海,2015(6):210-216.

和技术变化导致的工作满意度态度转变,以及教师本身更加注重内在的工作因素①,随着时间的演进发现,教师逐步更为在意薪资待遇、生活方式问题、健康的工作环境和工作保障等②。随着社会环境的发展,不同时期教师工作满意度的关键影响因素在发生转变。

(三)工作条件对首聘期工作满意度的影响相对减小

2008至2012年组的模型中,工作条件对首聘期工作满意度的影响作用排在第三位,在2013至2017年的模型中,工作条件的影响作用排在了最后一位,可见高校提供的科研和办公条件等方面,对海归青年教师首聘期工作满意度的影响作用相对有所减小。

调研中对部分调查对象进行了访谈调查,据部分地区,包括南京、武汉和西安等地区的海归青年教师反映,其所在高校的科研设备和办公条件等方面与发达国家的科研设备水平差距并不大,或许不会限制其科研实验的实施和设计,但是在设备的维护和资源分配上仍然需要改进(WH02/XA03)。亦有学者发现我国随着国家和学校对院校建设经费投入不断增大产生了新问题,如资源配置不合理和运行维护机制不健全等③。

(四)归国适应状况与工作满意度呈现正相关关系

从模型计算结果可以看出,海归青年教师的归国适应水平得分较高,这样的计算结果需要进一步分析。由于调查取样的局限,一些回国后感觉冲击较大、又很快"归海"的教师,不在本书研究的取样范围内,因此,海归教师归国适应得分较高,一定程度上只能说明留下来继续工作的海归青年教师适应状况较好。

此外,研究发现归国适应状况与首聘期工作满意度呈现正相关关系。在上海海归教师的归国适应的研究中,学者赵青亦发现上海海归教师归国适应水平良好,且与其工作满意度呈现显著正相关关系④。综合来看,调节

① Blachut J. Experience and Job Involvement: Moderators of Job Satisfaction, Job Dissatisfaction and Intent to Stay[D]. Gradworks: Dissertations & Theses, 2012: 30 - 40.
② Schroder R. Job Satisfaction of Employees at a Christian University[J]. Journal of Research on Christian Education, 2008, 17(2): 225 - 246.
③ 侯海军,徐风广.地方高校科研设备管理存在的问题及解决策略[J].科技视界,2014(31): 46 - 46.
④ 赵青.归国适应的构成维度、影响因素及其与工作满意度的关系研究——基于上海市"海归"员工的实证研究[D].上海: 华东师范大学,2010: 46 - 48.

海归青年教师归国初期的环境改变和逆向文化冲击带来的不适,更加有助于提升首聘期工作满意度,减少回国后由于工作不适应等现象。

(五) 2013 年以前海外生活时间对首聘期工作满意度具有负向显著影响

在 2008 至 2013 年的模型中,海归青年教师中在海外生活时间越长,其首聘期工作满意度越低,呈现显著的反向影响关系。在 2013 至 2017 年的模型中,这一期间回国的海归青年教师,在海外生活时间的长短对其首聘期工作满意度没有直接显著的影响,仅对归国适应产生显著的影响。进一步分析原因,在海外生活时间较短的教师回国后的机会成本较小,工作满意度会相对良好①。然而,在国外生活时间较长的海归教师,一般在国外已经获得教职,或者已在国外结婚生子,与此同时 2009 至 2012 年期间回国时,学术环境和薪酬待遇与国外相比差距较大,因此,其首聘期工作满意度明显较低;到 2013 至 2017 年,随着国内人才引进和支持的力度加大,尤其对在国外已有教学和科研经验的海归教师,回国后各方面的扶持较多,包括子女教育安排、住房补贴等,使其首聘期工作满意度得到了提高。因此,从一定程度上反映出,随着人才政策环境逐渐成熟,在海外生活时间较长的海归教师回国后首聘期工作满意度得到了改善。

(六) 近五年人才项目资助对工作满意度的正向影响显现出来

2008 至 2012 年组计算结果中,人才项目资助对海归青年教师首聘期工作满意度未呈现显著影响,假设检验未通过。在 2008 至 2012 年间国家和省级政府青年人才资助项目陆续开始启动,已有研究发现人才项目启动初期在规模、项目设计、运营管理以及财政支持等方面存在问题,因此,在 2008 至 2013 年期间,人才项目对海归青年教师首聘期工作满意度的影响尚未显现出来。

到 2013 至 2017 年期间,人才项目对海归青年教师首聘期工作满意度呈现出了显著正向影响,受到人才项目资助的青年教师首聘期工作满意度明显高于没有政策支持的普通海归青年教师。从本书的分析来看,人才项

---

① 余晓飞.基于工作满意度视角的高校"海归"教师人力资源管理政策研究——以上海高校"海归"教师为例[D].上海:复旦大学,2009:45-57.

目确实对提高其首聘期满意起到显著的积极作用。当海归人才受到政府政策支持,并得到资助带来的有形和无形收益时,他们的心理需求得到满足,会由此产生对所在地区的高度认同感[①]。虽然纵向比较,与 2008 至 2012 年的模型相比,2013 年以后人才项目作用开始体现出来,但是从横向比较来看,与工作群体、工作本身等方面相比较,人才项目 的影响系数较小,标准化的影响系数不到 0.2,这说明人才项目对教师工作满意度提升的作用具有局限性,政府和学校应谨慎考虑投入人才政策扶持的力度。高校吸引和留住海内外人才的重要途径,应是以灵活的政策和机制参与国际人才竞争[②],并从多方面改善现行的学术体制,建立健康的文化与环境[③]。

## 第三节　不同地区海归青年教师首聘期
## 工作满意度影响因素

### 一、不同地区首聘期工作满意度因素差异

基于上述海归青年教师首聘期工作满意度影响因素模型,进一步探究不同城市类型,包括一线城市、新一线城市和二线城市教师首聘期工作满意度主要影响因素是否存在差异。将 2008 至 2017 年的样本按照三个城市类型,分为三组计算首聘期工作满意度影响因素的拟合结果,见表 5 - 4。

一线城市的青年教师首聘期工作满意度影响因素模型计算结果见表 5 - 4, $\chi^2/df = 1.741$, $CFI = 0.897$, $TLI = 0.889$, $SRMR = 0.073$, $RMSEA = 0.069$,该模型 $CFI$ 与 $TLI$ 大于 0.85, $SRMR$ 小于 0.8,模型拟合可以接受。工作本身、工作群体、薪酬待遇、生活支持和工作条件,对一线城市海归教师首聘期工作满意度具有显著影响,工作群体产生主要影响,生活支持影响作用较弱;文化适应和母国环境适应对总体的归国适应具有显著影响,原假设成立;归国适应和首聘期工作满意度存在显著相关关系,原假

① 胡翔,李锡元,李泓锦.回流人才政策认知与工作满意度关系研究[J].科技进步与对策,2014,31(24):151 - 156.
② 闵维方."十三五"时期我国高等教育发展战略的若干问题[J].北京大学教育评论,2016,14(1):92 - 104.
③ 阎光才.海外高层次学术人才引进的方略与对策[J].复旦教育论坛,2011(5):49 - 56.

表 5-4 不同城市影响因素模型拟合参数和路径系数

| 一线城市拟合结果 | $\chi^2/df$ | CFI | TLI | SRMR | RMSEA |
|---|---|---|---|---|---|
| | 1.741 | 0.897 | 0.889 | 0.073 | 0.069 |

| 假设与路径 | 路径系数 | 标准误 | P 值 | 是否支持假设 |
|---|---|---|---|---|
| 工作本身→首聘期工作满意度 | 0.816 | 0.024 | 0.000 | 是 |
| 工作群体→首聘期工作满意度 | 0.914 | 0.020 | 0.000 | 是 |
| 薪资待遇→首聘期工作满意度 | 0.724 | 0.033 | 0.000 | 是 |
| 生活支持→首聘期工作满意度 | 0.617 | 0.043 | 0.000 | 是 |
| 工作条件→首聘期工作满意度 | 0.758 | 0.038 | 0.000 | 是 |
| 海外生活时间→首聘期工作满意度 | −0.143 | 0.056 | 0.002 | 是 |
| 人才项目→首聘期工作满意度 | 0.189 | 0.082 | 0.006 | 是 |
| 职称→首聘期工作满意度 | 0.226 | 0.103 | 0.009 | 是 |
| 文化适应→归国适应 | 0.699 | 0.337 | 0.000 | 是 |
| 母国环境适应→归国适应 | 0.339 | 0.122 | 0.006 | 是 |
| 海外生活时间→归国适应 | −0.212 | 0.042 | 0.009 | 是 |
| 人才项目→归国适应 | 0.234 | 0.055 | 0.003 | 是 |
| 职称→归国适应 | −0.054 | 0.068 | 0.435 | 否 |
| 归国适应→首聘期工作满意度 | 0.471 | 0.145 | 0.001 | 是 |

| 新一线城市拟合结果 | $\chi^2/df$ | CFI | TLI | SRMR | RMSEA |
|---|---|---|---|---|---|
| | 1.728 | 0.892 | 0.883 | 0.072 | 0.067 |

| 假设与路径 | 路径系数 | 标准误 | P 值 | 是否支持假设 |
|---|---|---|---|---|
| 工作本身→首聘期工作满意度 | 0.732 | 0.043 | 0.000 | 是 |
| 工作群体→首聘期工作满意度 | 0.929 | 0.060 | 0.000 | 是 |
| 薪资待遇→首聘期工作满意度 | 0.795 | 0.061 | 0.000 | 是 |
| 生活支持→首聘期工作满意度 | 0.684 | 0.041 | 0.000 | 是 |
| 工作条件→首聘期工作满意度 | 0.794 | 0.030 | 0.000 | 是 |
| 海外生活时间→首聘期工作满意度 | −0.116 | 0.088 | 0.065 | 否 |
| 人才项目→首聘期工作满意度 | 0.215 | 0.059 | 0.001 | 是 |
| 职称→首聘期工作满意度 | 0.196 | 0.065 | 0.002 | 是 |
| 文化适应→归国适应 | 0.598 | 0.161 | 0.000 | 是 |

续　表

| 新一线城市拟合结果 | $\chi^2/df$ | CFI | TLI | SRMR | RMSEA |
|---|---|---|---|---|---|
| | 1.728 | 0.892 | 0.883 | 0.072 | 0.067 |

| 假设与路径 | 路径系数 | 标准误 | P 值 | 是否支持假设 |
|---|---|---|---|---|
| 母国环境适应→归国适应 | 0.365 | 0.101 | 0.003 | 是 |
| 海外生活时间→归国适应 | −0.321 | 0.111 | 0.000 | 是 |
| 人才项目→归国适应 | 0.160 | 0.034 | 0.498 | 否 |
| 职称→归国适应 | −0.033 | 0.090 | 0.320 | 否 |
| 归国适应⇐首聘期工作满意度 | 0.481 | 0.030 | 0.000 | 是 |

| 二线城市拟合结果 | $\chi^2/df$ | CFI | TLI | SRMR | RMSEA |
|---|---|---|---|---|---|
| | 1.746 | 0.887 | 0.876 | 0.076 | 0.074 |

| 假设与路径 | 路径系数 | 标准误 | P 值 | 是否支持假设 |
|---|---|---|---|---|
| 工作本身→首聘期工作满意度 | 0.895 | 0.036 | 0.000 | 是 |
| 工作群体→首聘期工作满意度 | 0.963 | 0.034 | 0.000 | 是 |
| 薪资待遇→首聘期工作满意度 | 0.734 | 0.076 | 0.000 | 是 |
| 生活支持→首聘期工作满意度 | 0.723 | 0.087 | 0.000 | 是 |
| 工作条件→首聘期工作满意度 | 0.598 | 0.115 | 0.000 | 是 |
| 海外生活时间→首聘期工作满意度 | −0.325 | 0.022 | 0.000 | 是 |
| 人才项目→首聘期工作满意度 | 0.482 | 0.037 | 0.000 | 是 |
| 职称→首聘期工作满意度 | 0.187 | 0.073 | 0.003 | 是 |
| 文化适应→归国适应 | 0.571 | 0.178 | 0.001 | 是 |
| 母国环境适应→归国适应 | 0.426 | 0.164 | 0.009 | 是 |
| 海外生活时间→归国适应 | −0.530 | 0.104 | 0.000 | 是 |
| 人才项目→归国适应 | 0.376 | 0.092 | 0.000 | 是 |
| 职称→归国适应 | −0.143 | 0.081 | 0.580 | 否 |
| 归国适应⇐首聘期工作满意度 | 0.546 | 0.233 | 0.000 | 是 |

注：表中路径系数为标准化系数。

设成立。个人特征变量中,人才项目、职称和海外生活时间对首聘期工作满意度具有显著影响,相对作用较小,研究发现与余晓飞在分析海外生活时间对上海海归教师工作满意度的影响时的结果相似①；海外生活时间和人才项目对归国适应具有显著影响，说明在海外生活时间越久的教师回国后的适应度相对较低；职称对归国适应未产生显著影响，原假设部分成立。

新一线城市的青年教师首聘期工作满意度影响因素模型计算结果，$\chi^2/df = 1.728$，$CFI = 0.892$，$TLI = 0.883$，$SRMR = 0.072$，$RMSEA = 0.067$。该模型 $CFI$ 与 $TLI$ 大于 0.85，$SRMR$ 小于 0.8，模型拟合可以接受。从计算结果来看，工作本身、薪酬待遇、工作群体、生活支持和工作条件，对新一线城市的海归教师首聘期工作满意度具有显著影响，原假设成立；工作群体和薪酬待遇为主要影响因素，文化适应和母国环境适应对总体的归国适应具有显著影响，原假设成立；归国适应和首聘期工作满意度存在显著相关关系，原假设成立，影响作用略高于一线城市。个人特征变量中，人才项目和职称对首聘期工作满意度具有显著影响，海外生活时间未产生显著影响；海外生活时间对归国适应具有显著影响；人才项目和职称对归国适应未产生显著影响，因此，研究假设部分成立。

二线城市的青年教师首聘期工作满意度影响因素模型计算结果，$\chi^2/df = 1.746$，$CFI = 0.887$，$TLI = 0.876$，$SRMR = 0.076$，$RMSEA = 0.074$。该模型 $CFI$ 与 $TLI$ 大于 0.85，$SRMR$ 小于 0.8，模型拟合可以接受。从计算结果来看，工作本身、工作群体、薪酬待遇、生活支持和工作条件，对新一线城市的海归教师首聘期工作满意度具有显著影响，原假设成立；工作群体和工作本身为主要影响因素，生活支持的影响程度明显高于其他类型城市，工作条件的影响作用相对较弱；文化适应和母国环境适应对总体的归国适应具有显著影响，原假设成立，母国环境适应对归国适应的影响程度相对于其他城市类型略高；归国适应和首聘期工作满意度存在显著相关关系，原假设成立，影响作用明显高于其他城市类型。个人特征变量中，海外生活时间、人才项目和职称均对首聘期工作满意度具有显著影响，其中人才项目对二线城市青年教师首聘期工作满意度产生的影响作用大于一线城市和新一线城市。海外生活时间和人才项目对归国适应具有显著影响，职称未产生

① 余晓飞.基于工作满意度视角的高校"海归"教师人力资源管理政策研究——以上海高校"海归"教师为例[D].上海：复旦大学，2009：45-57.

显著影响。

## 二、不同地区首聘期工作满意度影响因素的特征

通过建立海归青年教师首聘期工作满意度影响因素模型,对一线城市、新一线城市和二线城市的青年教师首聘期工作满意度的影响因素进行比较分析,汇总影响程度排序情况,见表5-5。

表5-5　不同因素对首聘期工作满意度影响程度排序

| 变量类型 | 一线城市<br>(标准化系数) | 新一线城市<br>(标准化系数) | 二线城市<br>(标准化系数) |
|---|---|---|---|
| 激励和保健因素影响程度排序 | 工作群体(0.914)<br>工作本身(0.816)<br>工作条件(0.758)<br>薪资待遇(0.724)<br>生活支持(0.617) | 工作群体(0.929)<br>薪资待遇(0.795)<br>工作条件(0.794)<br>工作本身(0.732)<br>生活支持(0.684) | 工作群体(0.963)<br>工作本身(0.895)<br>薪资待遇(0.734)<br>生活支持(0.723)<br>工作条件(0.598) |
| 个人特征变量影响程序排序 | 职称(0.226)<br>人才项目(0.189)<br>海外生活时间<br>(-0.143) | 人才项目(0.215)<br>职称(0.196) | 人才项目(0.482)<br>海外生活时间<br>(-0.325)<br>职称(0.187) |
| 归国适应与首聘期工作满意度关系 | 显著(0.471) | 显著(0.481) | 显著(0.546) |

总结三个城市类型的首聘期工作满意度影响因素具有如下特征:

三类城市类型中,对海归青年教师首聘期工作满意度调节作用最大的因素均为工作群体,即教师与团队的合作、与领导和同事关系等方面。工作本身对于一线城市和二线城市亦起到主要调节作用,新一线城市有所不同,薪酬待遇为新一线城市海归青年教师满意度的主要影响因素,调节作用仅次于工作群体。在对新一线城市海归青年教师的访谈中发现,一些青年教师同样获得了在北京、上海一线城市工作的机会,但是其认为提供的薪酬待遇未能达到其预期水平,且生活成本较高,最终选择了在新一线城市高校就职。相比较一线和新一线城市,二线城市教师对工作条件比较不敏感,略看重生活支持。从访谈中发现,北京、上海、南京、武汉等一线城市和新一线城市子女教育的条件好于二线城市,且在一线和新一线城市其配偶可以选择

的工作机会较多(GZ01),相对来说,二线城市机会有限,学校的安排岗位与海归教师期望的有所差距,且存在配偶、子女安排滞后的现象(DL02),因此,生活支持满意度对二线城市海归青年教师总体满意度的影响作用略大。

二线城市海归青年教师归国适应与首聘期工作满意度的相互调节作用较强,一线和新一线城市与之相比略弱。归国适应中包括母国环境适应和文化适应,具体体现在学校所在城市经济发展水平、公共服务完善(交通、医疗、教育等)、社交环境等方面,二线城市的情况与一线城市和国外环境差距较大,因此,二线城市海归教师对该方面反应比较敏感。欲提高二线城市海归青年教师首聘期工作满意度,应注重青年教师组织文化适应,降低教师对城市公共环境预期,同时逐步改善二线城市公共服务环境。

个人特征变量中人才项目和职称对三个类型城市的海归青年教师首聘期工作满意度均具有显著影响,其中人才项目对二线城市教师影响程度较大;职称对一线城市教师影响程度较大。根据访谈中大连、长春等二线城市的教师反映,未获得人才项目资助的教师基本工资水平较低,与获得人才项目头衔的教师相比薪酬待遇、工作条件等方面差距较大,对其总体满意度影响较大(CH02和DL01)。其中,职称对一线城市教师影响程度略大。根据后续访谈教师反馈,在一线城市高校工作的教师科研任务重,职称晋升的标准水涨船高,竞争比较激烈,职称晋升压力较大,因此,对其工作满意度产生影响。二线城市中在海外生活时间越长的教师,归国适应越差则工作满意度越低,均呈现负向显著作用关系。在新一线城市模型计算中,海外生活时间对首聘期工作满意度影响的假设未通过验证,即在新一线城市,教师在海外生活时间的长短对其满意度影响不显著。在海外生活时间越长,回国后越容易与国内的社会和组织环境产生冲突,二线城市社会和组织环境的情况与国外环境差距较大,因此,海外生活时间对二线城市的海归青年教师首聘期工作满意度体现出了显著调节作用。

# 第六章
# 海归青年教师首聘期工作满意度的影响机理和
# 政策效果解析

为探究影响海归青年教师工作满意度的综合作用机制,本章基于 25 位海归教师深度访谈内容,结合国家和省级层面人才政策,解析海归青年教师首聘期工作满意度影响机理和政策效果。

## 第一节　海归青年教师首聘期工作
## 满意度的影响机理

### 一、海归青年教师首聘期工作满意度影响机理的传导途径

在已填写问卷的调查对象中选取具有代表性的、有意向参加访谈的 25 位海归教师进行了深度访谈,深入分析不同因素高校海归青年教师首聘期工作满意度的作用机理,以及揭示造成年代差异、地域差异的深层次原因。访谈对象涵盖理学、工学、生命科学、人文社会科学等领域,每位访谈时间在 40 至 110 分钟不等。首先,通过电子邮件与海归教师取得联系,表达面对面访谈的意愿。征得同意后,预约具体的访谈时间和地点,地点多数选择受访者的办公室或者讨论室。调查过程中尽可能实地拜访,可以侧面了解到教师们的工作环境。其中,面对面访谈的有 22 位教师;在拜访期间遇到了教师外出出差、身体不适或者已经归海的情况,因此,有 3 位访谈对象采用网络电话形式进行访谈。访谈过程中,征得受访者同意后,对访谈进行录音,25 位受访者中 21 位同意录音,访谈结束后,对录音进行文字转录,4 位

未录音的资料,笔者在第一时间记录访谈笔记,力求较大程度保证受访者的原始表述。受访者基本情况如表 6-1 所示。本书采用目的性抽样和异质性抽样,抽取访谈对象在调查问卷中海归教师主动预留的联系方式,共访谈 25 位海归教师,分布在 10 个城市,访谈对象情况及编号如表 6-1 所示。一共获得了 1250 多分钟的录音资料,转译及整理成近 30 万字的文本资料。

表 6-1 访谈对象的基本信息

| 编号 | 地区 | 性别 | 回国时间 | 回国年龄 | 访谈时间 | | 访谈地点及方式 | 访谈时长 | 访谈时就职 |
|------|------|------|---------|---------|----------|------|---------------|---------|-----------|
| BJ01 | 北京 | 男 | 2009 | 30—35 | 2018.12.27 | 12:45 | 兼职公司 | 60 分钟 | 在职 |
| BJ02 | 北京 | 男 | 2009 | 30—35 | 2018.12.27 | 16:02 | 办公室 | 75 分钟 | 在职 |
| BJ03 | 北京 | 男 | 2005 | 36—40 | 2018.12.28 | 09:00 | 办公室 | 70 分钟 | 在职 |
| SC01 | 成都 | 男 | 2010 | 36—40 | 2018.11.16 | 21:38 | 网络电话 | 48 分钟 | 离职 |
| DL01 | 大连 | 女 | 2010 | 30—35 | 2019.01.11 | 13:14 | 办公室 | 103 分钟 | 在职 |
| DL02 | 大连 | 女 | 2013 | 36—40 | 2019.01.11 | 15:56 | 办公室 | 69 分钟 | 在职 |
| GZ01 | 广州 | 男 | 2011 | 30—35 | 2018.11.22 | 10:35 | 办公室 | 83 分钟 | 在职 |
| GZ02 | 广州 | 男 | 2014 | ≤29 | 2018.11.22 | 13:00 | 办公室 | 55 分钟 | 在职 |
| NJ01 | 南京 | 男 | 2012 | 30—35 | 2018.11.06 | 13:14 | 咖啡厅 | 49 分钟 | 在职 |
| NJ02 | 南京 | 男 | 2007 | 36—40 | 2018.11.06 | 16:30 | 会议室 | 62 分钟 | 在职 |
| SH01 | 上海 | 男 | 2017 | 36—40 | 2018.10.29 | 16:02 | 咖啡厅 | 42 分钟 | 在职 |
| SH02 | 上海 | 女 | 2012 | ≤29 | 2018.10.26 | 11:57 | 会议室 | 47 分钟 | 在职 |
| SH03 | 上海 | 男 | 1990 | 36—40 | 2018.10.30 | 13:00 | 办公室 | 93 分钟 | 在职 |
| SH04 | 上海 | 男 | 2010 | 30—35 | 2018.10.31 | 16:03 | 会议室 | 69 分钟 | 在职 |
| SH05 | 上海 | 男 | 1988 | 30—35 | 2019.03.06 | 15:30 | 咖啡厅 | 70 分钟 | 在职 |
| SY01 | 沈阳 | 男 | 2014 | 30—35 | 2018.12.13 | 09:01 | 办公室 | 51 分钟 | 在职 |
| WH01 | 武汉 | 男 | 2008 | ≤29 | 2018.11.08 | 10:02 | 会议室 | 70 分钟 | 在职 |
| WH02 | 武汉 | 男 | 2016 | 30—35 | 2018.11.12 | 16:14 | 网络电话 | 46 分钟 | 在职 |
| XA01 | 西安 | 男 | 2017 | 30—35 | 2018.11.18 | 15:01 | 网络电话 | 48 分钟 | 在职 |
| XA02 | 西安 | 男 | 2017 | 30—35 | 2018.11.12 | 13:40 | 办公室 | 59 分钟 | 离职 |
| XA03 | 西安 | 男 | 2017 | 30—35 | 2018.11.13 | 17:02 | 办公室 | 56 分钟 | 在职 |
| XA04 | 西安 | 女 | 2015 | ≤29 | 2018.11.14 | 15:42 | 星巴克 | 69 分钟 | 在职 |
| CC01 | 长春 | 男 | 2011 | 36—40 | 2018.12.13 | 13:32 | 办公室 | 72 分钟 | 在职 |
| CC02 | 长春 | 男 | 2012 | 36—40 | 2018.12.13 | 16:16 | 老师家里 | 108 分钟 | 在职 |
| CC03 | 长春 | 男 | 2013 | 36—40 | 2018.12.14 | 09:49 | 开会中途 | 44 分钟 | 在职 |

资料来源:访谈资料的整理归纳。

在整理归纳访谈文本资料时,首先依据质性资料编码方法中的主题与模式分析法(*thematic and template analysis*),该方法是金提出的依据主题方式组织文本数据的分析方法[①]。然后采用英国利兹大学研究小组设计的"利兹归因编码系统(*LACS*)"。其原理基于归因理论的归因分析法(*attributional analysis*),即对自己或者他人的行为,以及观察或听到的事件所做的解释,从而使环境更容易被合理控制[②]。利兹归因编码系统常用于分析员工行为改变的原因,以及分析组织中为什么某一个体获得了所有好的资源等,例如学者西尔维斯特采用归因分析法分析了组织文化和文化变革对员工的影响[③]。将归因后的资料分类整理到不同模块中,具体分析相关制度对海归青年教师首聘期工作满意度的作用机理。

在编码过程中,根据不同机制的分类分为外部保障机制和自我调节机制。对应的分为多个制度模块:科研评价制度、研究生招生制度、职称晋升制度、行政服务体系、薪酬制度、科研补贴政策、子女教育政策和住房补贴政策,以及教师自身的发展规划。

基于访谈资料和调查问卷的信息,以及结合实证研究的发现,探讨海归青年教师首聘期工作满意度的影响机理,具体内容和关系见图6-1。

## 二、高校教师管理制度对海归青年教师首聘期工作满意度的影响机理

### (一)科研评价和职称晋升制度对海归青年教师首聘期工作满意度影响机理

调查问卷中关于科研评价制度合理性的反馈,约有30%教师持满意态度,约有27%教师持不满意态度,约有42%教师表示一般,持不满意态度的比例与持满意态度的比例接近,总体来看,海归青年教师对科研评价体系持满意态度的不多。

① King N. Using Template in the Thematic Analysis of Text[C]. In Essential Guide to Qualitative Methods in Organizational Research[M]. C. Cassell and G. Symon, London: Sage. 2004: 256-270.
② Silvester J. Attributional Coding in Cassell C. and Symon G. (Ed.), Essential Guide to Qualitative Methods in Organizational Research[M]. London: SAGE Publications, 2004: 228-258.
③ Silvester J, Anderson N R, Patterson F. Organizational culture change: an inter-group attributional analysis [J]. Journal of Occupational and Organizational Psychology, 1999, 72: 1-24.

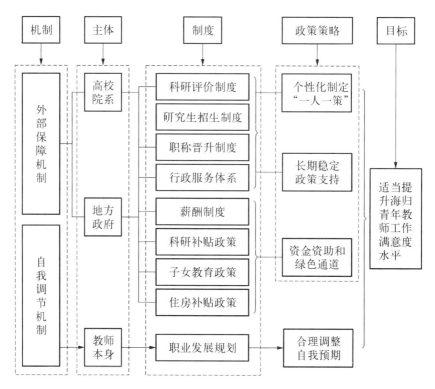

**图 6-1　海归青年教师首聘期工作满意度的影响机理的传导途径**

科研评价制度是教师绩效的评价标准,关系到教师课题的申报、职称的评审、津贴分配等多方面的工作,一直以来是教师工作的重要组成部分。基于被调查对象访谈中的反馈,发现较早回国的海归教师认为当时国内科研评价标准落后,未能与国际接轨,对其研究成果和所作出的贡献不能给予应有的承认,容易产生不公平和不被认可的感觉,甚至会产生消极工作的情绪。近年来回国的教师表示对科研评价中论文发表文化、职称评审制度等会产生不适应,一些评定的条文,比如以非第一作者或者通讯作者发表论文、撰写中英文专著中的章节、组织学生出国交流等是否算作工作绩效和职称评定加分项,对教师教学和科研评价的判断作用亦比较大,国内外科研要求和评价标准的侧重点不同。同时教师反馈职称评定标准调整频繁,使得评价标准模糊,以至于部分老师在职称晋升过程中多次受挫,会产生自我怀疑的心态。此外,职称晋升制度由学校制定,很难平衡不同学科教师的工作绩效和考核标准。目前,很多综合类高校设计了较为复杂的量化科研指标体系,将论文的考核按照期刊级别、论文数量等进行分值转化,同时,将不同级别的课题分为不同的比重等方式,综合评估不同专业的教师科研能力和绩效,但是据不同学科的教师反馈认为此种制度仍然存在不合理的问题,易造成一定程度的恶性竞争以及分拆论文等不良现状[①]。

综合来看,科研评价标准由学校、学院等组织层面来抉择,不仅与海归教师的绩效考核、职称晋升等密切相关,对高校的科研工作有着很强的向导性,亦关系到教师的成长、科研环境的优劣[②],以及教师师资队伍建设和学科建设[③]。部分高校已开始实施科研评价的改革,例如据被调查对象叙述"我们学校评审制度跟国外差不多,形成了统一的规章制度,评审内容以及评审标准都参照国外的模式,而且我们的资料也是到国外去,申请的时候需要中英文两份资料,英文资料送到国外同行,他们按照美国的标准来对我们资料进行评审(SH04)"。但是由于这种科研评价的流程成本较高,目前仅部分高校在引进高层次人才时采用此种方式,在后续绩效考核和职称晋升等环节,依然存在之前所陈述的问题。建议高校重视国内外同行评议的专业标准,成立国内外不同专业领域的评审团体,规划具体流程,使科研评价体系和职称晋升制度更加专业化、国际化和合理化。

> 回国的那个年代我印象非常深的是基本上没有一个人是第一次就可以顺利评上职称,全部都是第二年或第三年,但那时候因为年纪轻,遇到没评上的情况,心有不甘心,或者感觉我不比评上的教师差。(WH01)
>
> 我的一些课题,尽管受到了国际专家的认可,但是在国内评审会不通过,当时未通过后却不能给出明确、具体的说法,后来我在申请书上花费大量的时间,但仍然结果不理想。(SH03)

① 蒋莹,陈斐.高校海外高层次人才引进现状与优化对策研究——以江苏省为例[J].科技管理研究,2014(24):107-111.
② 刘莉,董彦邦,朱莉.科研评价:中国一流大学重大原创性成果产出少的瓶颈因素——基于国内外精英科学家的调查结果[J].高等教育研究,2018,39(8):28-36.
③ 杜伟.高校科研评价现状与完善途径探析[J].高等教育研究,2004(4):61-64.

　　我每年都会带一小队学生,二十多个,出国交流访问,所有手续都是我来做的。这个事情算工作业绩,但是不放到职称评价里面,加不上分。我现在做了好多工作都是加不上分的,只能算是一些贡献……如果老师们、教授们承认你的工作,他能会心理上给你加分。教授的评聘不只是我们学院的教授参与,还有其他的学院的老师,他们并不熟悉我,在评职称陈述时可能会觉得此类工作没办法核实,或者觉得此类工作谁都可以做,但实际上占用了很大的精力,从 3 月份就开始准备手续,7 月份出行,四五个月期间我一直都在忙这件事情,同时还要完成 200 多学时的课程,还要搞科研,很艰难。(DL01)

　　我们学校职称评审上的细则每隔几年会发生变动,因为这样的一个微调,可能导致部分老师在评职称上会遇到问题,或者可能需要周折一下,涉及这一届利益相关人会受到影响。(SH02)

　　学校评职称的政策每年都在变,例如发表 SCI 论文,前几年是按照影响因子,这几年按照分区,四区的论文可能奖励 2 000 块钱。每年相关政策在调整,每年统计前一年文章发表情况,比较滞后。(CC01)

　　考评机制不固定,造成预期的目标很难达成,需要不断调整目标。(ID:19317983)

　　晋升常规正教授的相关制度规定,需要其他人进行评议文章。每一年与参评的同事相竞争,这样会水涨船高,并且对比的标准是很模糊的。比如说今年五个人竞争一个职位,五个人参与评选,最后评选上相对厉害的一位,但是实际上有可能这五个人都很好,如果第二年参评的成果都不如前一年,那么第二年最好的也许还不如前一年最差的,这样的话不够合理。(SH04)

　　职称评审过程中二级学院没有权力,最终的评审情况需要由学部决定。学院推荐到学部,与其他学院一起竞争,一起评审,其实不同学院的可比性很难界定,就仿佛问我牛排跟橘子哪个比较好吃……一些发表论文期刊的级别的认定也会变动,需要不断的调整自己的心态。(WH01)

　　从职称评审来说,只有国家课题才符合条件,其他的课题,可以做,但是不符合职称评审资格。毕竟人的时间精力是有限的,所以还是只能关注一些最主要的东西。此外,跨领域评委提出的意见,不是特别有实际作用和价值。(NJ01)

(二)研究生招生制度对海归青年教师首聘期工作满意度的影响机理

调查问卷中关于研究生招收的合理性,约有 31％教师持满意态度,约有 31％教师持不满意度态度,约有 33％教师表示一般,持不满意态度与持满意态度的比例相同。基于访谈资料发现,海归青年教师普遍反映首聘期招收学生不合理的地方主要体现在:招生资质评审过程繁琐;招生过程时间长,通常一至两年后才可以正常招收学生;招生名额少,教师即使有招收资格,但是分配不到名额。一方面由于海归青年教师回国前对国内高校学生招收的机制不是很了解,比如招生申请时间、博士招收的资质、名额限制等方面,回国工作后可能错过重要的时间点,以致于首聘期很长时间内是没有招收到学生的。另一方面,学院对招收学生的教师信息管理不完善,学生不清楚新来老师的招生情况,有教师表示"学生都不知道有我这个老师(XA02)"。教师对不能及时招收到学生很苦恼,抱怨较多,一方面导致缺少学生协助老师做科研,另一方面教师认为没有招收学生,未能充分实现其教书育人的自身价值。有些教师通过与本科生合作,在一些专业,比如计算机专业的海归教师反映与本科生合作起来效果不错,可以一定程度弥补没有招收到学生的不足;但是另一些专业,如土木工程专业,教师反映对本科生科研方面的指导需要花费很多精力,很难与本科生一起合作做科研。有些教师虽然没有招收到自己的学生,可以作为第二负责人与资深教师合作指导学生,但由于自己不是第一负责人,如观点不一致时,在多方交流讨论上会花费大量的时间。

出于以上诸多考量,学生招收问题主要体现在学校/学院对教师招收学生的管理规定和操作流程上。通常新进教师需经历1至2年的时间才可能缓解学生招收困难的问题,给青年教师工作带来了诸多不便。首聘期正是青年教师发挥创造力和行动力最佳时期,指导学生是教师工作中重要的一个部分,学生亦是教师创新力的来源之一,在指导学生和沟通的过程中,会激发出更多、更好的想法,若在首聘期缺少了学生指导这一重要部分,将是教师工作创造力的一种缺失。适应招收学生相关规定的周期过长,将会降低教师的工作效率,易挫伤教师的工作积极性。高校适当重视新进教师学生招收的问题,寻求管理制度的创新和工作流程上的改革,合理分配名额,减少教师相关负面情绪,提高工作效率。

> 刚就职的时候,学校有相关规定,新入职的教师不能直接带学生,这好像挺普遍的,只是可以给启动经费,后来反复与学校沟通,因为有"千人",后来允许有一个招生名额。(SH01)

> 不仅我不可以招收学生,其他的一些老师也是如此。当然招收学生可能并不是容易的事,因为每年需要向学校申请,申请时间每年只有一次,好像是 3 月份还是 4 月份,如果说错过了这个时间,需要等到下一年了。比如 5 月份提交申请,需要等到第二年进行申报,直到招收进来学生,中间可能需要 1 到 2 年的时间。我是 13 年 1 月入职的,第一个硕士是 2014 年 9 月入学的,差不多一年半的时间。此外,我们学校要求晋升到教授职称,评审博导后才可以带博士。当然实际工作中,可以帮忙带一些其他老师的博士研究生,一起做科研,但是实际上在我个人看来是不太方便,因为并不是学生的第一负责人,最终还需要和其他人进行讨论,这样的话,如果观点不太一致会花了很多时间在沟通交流上。(NJ01)

> 刚入职的时候经常与本科生合作,但是逐渐发现本科生合作可能会占用太多的时间。我现在是讲师,如果要评副教授的话,要求发表文章,如果说需要抽出一部分时间来指导本科生的话,可能会花费很多精力,合作效率也不高。未来如果评上副高职称的话,压力小一些,我可能会愿意指导本科生,觉得本科生学习能力还是不错的。(SY01)

> 刚入职时不够资格当研究生导师,国内的评博导资质的相关规定要求很高,这么多年一直带博士研究生,一方面没有实现教师引导学生的价值,另一方面开展科研也很困难。(BJ02)

> 入职以后才了解到博导一年才评一次,不是直接可以带学生,还是

需要评选的,今年我才拿到招生资格,明年春季才有我自己的第一届博士生入学。(XA03)

副教授如果招收博士生需要评选博士生导师。这个过程需要花很多时间填表和学校组织评审之类的,而且我也不是很清楚具体的步骤,了解到历时很长,可能两年评一次。(BJ01)

我们学校规定需要具有一定的科研经费,或者发表几篇文章后,才可以有招博士的资格,但是不代表具有招收博士资格就可以招收博士生,实际上我们学院博士名额其实很少,即使具有资质也招不到学生,因为有名额限制。(CC01)

### (三)行政服务体系对海归青年教师首聘期工作满意度影响机理

青年海归教师在工作初期会经历包括入职、资格评审、报销、出国等手续的办理,需要人事部门、财务部门、学院等多方核查和审批等日常工作事务。

经过调查发现上海、北京、西安、武汉、长春、南京等多个地区高校均存在学校行政事务管理分散、缺乏系统性、部门之间信息不一致等问题。例如财务报销一直是高校教师抱怨比较多的事情,从对海归青年教师访谈中发现,近几年各高校财务报销的程序有所改进,多数高校已经改为电子流程,但仍然存在规则较多、反复补充材料、多层审批等问题。海归教师对出国手续办理程序亦有诸多怨言,如出国手续办理时间长、手续繁杂、多层审批等,办理诸如此类的事情占据教师较多的时间,使得教师感觉自我价值未能充分实现。在描述行政事务对工作满意度的影响时,教师们采用了诸多直抒胸臆的词语,包括"踩坑""烦不烦""直接掉头走了""很麻烦……超级麻烦""两头折腾""很麻烦……非常麻烦……有点荒谬的"等,反映出海归青年老师在首聘期不熟悉部门职能时产生抱怨、无奈、烦躁等情绪反应,甚至产生离职的想法。行政管理事务穿插在教师日常工作中,这些负面情绪将会降低教师的工作效率,甚至导致人才的流失。学校以高成本引进的高层次人才,大量的工作时间被行政事务所占用,没能发挥出高层次人才所具有的核心竞争力和青年学者的科研潜力,这也是对青年教师自身成长的一种阻碍。

虽然有一些方向,但是对于国内报销的具体程序还不是特别清楚。各种人事部门太复杂,没有人提供服务,在报销过程中我们自己踩坑。入职第一年基本都是干这些事情。比如当时有一个东西需要报销,前后办理了半年,这种情况烦不烦?……其实更烦的是相关工作人员不会及时告知办理程序上的必要资料,比如需要办资格认证,但是到第二年开始实施的时候被告知没有资格,整体缺少事前详细的流程介绍,全部需要一个个去经历了以后才知道需要哪些材料。如果全靠自己克服这些困难,相信应该有不少人碰到这个事情就直接就掉头走了。(SH01)

任何一张买书的单子,即便是 20 块钱都要到学校图书馆去盖章,然后再去报销,后来大家真的受不了了,把这个取消了,改为一千块以上才需要这样子……出国开会很麻烦,要走的审批超级麻烦,所以会打消我出境开会的想法。如果出境开会的话送到学校科研单位审批,还要送到社科院去审批,有时候都快要上飞机了相关审批还没有批下来。(WH01)

办理报销和出国之类的事情,经常需要去多个部门反复提交材料,费了好大劲,折腾来折腾去的。如果需要补充什么材料,这件事很正常,没问题,相关工作人员可以列一个清单,不要每次都需要补新的材料,最好可以一次说清楚……程序一直都很麻烦,现在也很麻烦,而且麻烦得有点荒谬的。曾经有一次我带学生去缅甸调研,学生自己从网上申请了一个电子签证,两天就好了,但是我需要办理学校的手续,教务处的老师特别较真,需要提供文件,这也很正常,我尽量提供,但是其中的一个文件要求不合理,没有部门给出这个文件,最后两头折腾了两个月也没办到这个文件……眼看第二天就出发了,后来托人情特意去办理,最后一天的上午才办理好。(BJ01)

如果计划出国需要填若干个表格和提交审批。有一次我的审批到了最后的环节,工作人员反馈说表格形式变了,我又得重新再填一遍,然后再找一圈人签字。领导们不是每天都在,需要跟领导约时间,签错了表格还需要重新再签字……财务制度特别复杂,不同种类的单据需要分别填写申报,而且在系统里自己填写,有些不符合要求,退回来又修改又重新找人签字,所以在这方面花了不少时间,只有个别比较大的科研团队,他们花钱请得起相当于外聘的人专门做报销和审批的事情。大概几年之后,我们学院引进的老师多了,可能每个老师都来问同样的问题,办公室主任总结了相关的内容放在学院网站上,但是总结的内容只是相对比较少的一部分,而且政策和制度每年都在调整。(NJ01)

我们老师持有公务护照,如果出国的话,学校好像需要到省里办理审批流程,时间非常长。现在的话不仅需要副校长、校长签字,还需要找到省外办理才行,手续非常麻烦。(CC02)

我感觉国外高校办理出国开会手续的专业化程度高多了,在国外的时候,出国开会我们跟团队里面的专职秘书说一下,专职秘书就把机票定好、手续办好,啥时候走,护照一拿直接走,回来直接拿车票、住宿的票报销,秘书办理好后把钱转账过来。(XA02)

学校在财务报销方面的管理手续过于严格和繁琐,经常花费大量时间做一些与研究无关的事情,比如本来该由财务人员做的核对、验证等琐事。(ID: 19318565)

### (四)薪酬制度对海归青年教师首聘期工作满意度影响机理

调查问卷中关于工资水平和津贴的反馈,约有16%教师持满意态度,约有42%教师持不满意态度,约有39%教师表示一般,总体来看,海归青年教师对工资水平的满意度较低。据20世纪90年代回国的教师表述,回国初期每月工资200元左右,与国外的薪资待遇水平差距较大,会产生很强的落差感,但由于学校给匹配了相应的住房,当时物价水平不高,综合各方面来看首聘期经济压力并不大。相对来说,2008年之后回国的青年千人、青年拔尖人才等,以高层次人才引进形式回国的教师,薪酬待遇水平与国外教师差别不大,但是仍然很难支付一线城市购房的首付,没有购买住房的、生活在一线城市的教师经济压力较大。普通招聘的海归青年教师工资待遇水平相对更低,在一线城市、新一线城市和二线城市的访谈对象均表示经济压力颇大,教师认为自己的回报与付出比例较小,产生不公平感,因此,教师逐渐会减少付出,或者转移工作重心,会自己寻找其他可以获取收入的办法,比如社会兼职、自己创业和多承担一些横向课题等,这样是势必会分散教学和科研的精力。

此外,教师在访谈反馈获得人才政策支持的教师比普通教师的薪酬高很多。结合前文研究发现,2000 年以前和 2000 至 2008 年期间,薪酬待遇满意度远低于其他方面满意度,2008 年以后,逐步有所提升,且研究发现获得人才政策资助的教师满意度明显高于未获得资助的教师。对此未获得人才项目资助的教师和早年回国的教师产生较强不公平感,认为"回来越早,待遇越差"(ID:18730855),产生后悔回国的想法。虽然人才项目设立的直接目的为吸引海归人才回国,并给予一定的物质激励,但是实际上人才项目产生了利益导向的作用,并且会日益产生更多的不良影响。已有研究发现,获得人才项目支持的海归青年教师年收入明显高于普通海归青年教师,2017 年"四青人才"的年薪为 40 至 50 万元[①],美国公立和私立大学讲师的平均工资约为 5.4 万美元,助理教授平均工资约为 6.3 万美元[②],即海归青年教师获得"四青"人才项目支持后的薪资水平相当于美国大学助理教授。人才项目的支持也会产生多重效应,相对于其他普通教师,人才项目不仅向海归青年教师分配到优质学术资源,同时学术声誉外溢至学科、高校层面,成为组织发展的重要目标。对于未入选人才项目的海归教师,在首聘期遇到工作瓶颈,或者起到了"天花板"作用。人才政策带来的物质资源、学术认可及发展前景,在学术职业内形成了一种新的等级与身份制度,在一定程度上不利于学术界的良性竞争[③]。

高校教师的工资标准参考国家规定和当地的平均工资水平共同拟定,同时,依据各个高校或者二级学院的绩效评估方法,给予教师一定的绩效补偿。若要提高教师工资待遇满意度和长期留住人才,政府和组织不仅要重

---

① 郭书剑,王建华.“双一流”建设背景下我国大学高层次人才引进政策分析[J].现代大学教育,2017(4):84.
② 阎光才.学术等级系统与锦标赛制[J].北京大学教育评论,2012,10(3):8-23.
③ 蔺亚琼.人才项目与当代中国学术精英的塑造[J].高等教育研究,2018,39(11):6-17.

视高层次人才,同时要完善全体教师的薪酬制度,如稳定、较高的基础薪酬①和可观的增长机制②,更加能够激励教师工作积极性和发挥创造力。

当时回国时没有跟学校提出太多要求,没有启动经费,待遇和其他教师是一样的,没有任何区别。我回来第一个晚上我就睡在水泥地上,我的母亲帮我擦擦床板,铺一铺就睡了。条件比较艰苦,待遇每个月不超过200,当时工资水平什么样具体我记不清楚了,或许可以到财务处去查一查,没有给任何人特殊待遇。(SH03)

东北的工资是很低的,我回来的时候,教授工资大约是4 000块钱。这几年涨了几回,但还是不太高,我们反正依然不怎么高。(CC01)

这里是一个旅游城市,消费水平还是比较高的……,我们的收入这两年在涨,新增了绩效奖励,所以我们的收入都有所提高,但是跟南方学校还是没得比。(DL02)

学校基本工资给的很少,后期我们自己做了一些兼职,比如说在做一些项目,项目逐步做成了一个公司,所以可以有一些补充收入。(BJ01)

学校的要求和薪酬水平完全不匹配,要求的比哈佛、耶鲁还高,给的工资却比博后还低,完全不合理。即使是“青年千人”,工资还是太低了。连房子都买不起,单身、找女朋友也很困难,所以这种情况在北京很难体面生活,我觉得很不值得。(SC01)

高校教师工资水平不如刚工作的白领,很奇怪的现象是大家认同高校老师拿微薄工资,想要提高收入必须靠额外做各种项目,特别是横向项目或市场培训。这种体制下,使得高校教师的收入在本领域、地区及个人之间分化现象严重,在高房价低收入的压力下,不利于青年教师安心科研,踏实做好学术积累。(ID: 19295199)

20世纪90年代回国人数较少,当时也没有过多考虑待遇的事情,

---

① 王定华.新时代我国教师队伍建设的形势与任务[J].教育研究,2018(3): 4-11.
② 朱军文,李奕嬴.英国研究型大学教师薪酬体系及其特点——基于罗素集团的实证研究[J].2017(11): 86-93.

只是觉得国家派出去的就应该回来。当时没有更好的政策和待遇。现在国家为国外留学人员回国后提出的政策和待遇很好,作为早期回国人员,现在想起来,对早回来还是有点后悔。(SH05)

获得人才项目支持的教师是按年薪,我们普通教师是按工资,这个待遇比较的话,差别要差好几倍,但是其实大家做的工作不会有很大差别。所以不是人才的话,不管是从各方面都差一些,这个差距可能几年以后反映出来的问题更大些。学校里面老师工资本来就低,这个经济差别其实对老师的伤害是很大的。感觉比别人吃亏很多,没有啥待遇,或许现在的学校对人才称号太重视了,如果没有人才称号的话,就觉得不重要了,我是这样的感觉,其实跟海归不海归没有多大区别。(CC01)

各类人才项目的负面影响不小,人才政策带来不公,学术贡献与待遇倒挂的现象严重——谁回来得早、贡献多,反而待遇差。(ID: 18730855)

(五)科研补贴政策对海归青年教师首聘期工作满意度影响机理

关于科研经费情况的反馈中约有 27% 教师持满意态度,约有 30% 教师持不满意度态度,约有 42% 教师表示一般,总体来看,海归青年教师对科研经费的满意度较低。早期的海归教师表示当时回国时还没有科研启动经费的说法,有的学院可能给予一定的资助,但是金额很小,若要保障正常科研工作开展,需要申请国家的项目,如果申请国家项目不顺利,科研就难以进行下去,只能退而求其次做一些可以做的,科研经费状况十分窘迫。近十年回国的海归教师,虽然大多数会有科研经费的资助,金额从三万至几百万不等,但是从满意度的反馈来看,评价仍然良莠不齐,一方面不同学科、不同专业的需求有所差异,另一方面与所在学校的基础设施情况密切相关。若基础设施良好,包括设备、实验场地等方面,适当的科研经费即可以满足其需求;若基础设施条件差,科研经费将用于购买大型设备、租赁试验场地等,几百万的科研经费依然捉襟见肘。

访谈中教师提到了"这个是锦上添花还是雪中送炭问题,学校做雪中送炭的事情是谨慎的,多数情况是锦上添花,在教师获得了什么奖励以后会叠加奖励,其实这个时候我们就不需要钱了……(SH04)"。目前在国家大力引才战略下,通常引进人才后,学校和学院会配备某一比例的科研启动经费,或者教师在成功获批重大课题后学校会加大对该项目的支持,再补充经费投入等,这就是受访者提到的"锦上添花"的方式,而需要"雪中送炭"的科研领域通常需要教师自寻出路。例如据从事基础理论研究的教师反馈,其学科的特点为获得成果慢,需要长期稳定的经费投入,然而在获取国家经费支持上困难重重,更得不到学校的支持,在这种情况很难维持基本的科研,一些在进行的研究只能中断。建议反思高校管理中以绩效为导向的"锦上添花"式的科研经费分配模式,力求高效利用和合理分配有限的资源。高校需增强自主的学术判断力,对一直未获得支持的项目以及一些基础研究领域,给予一定的"雪中送炭"式的资助,将会在改善青年教师科研环境方面起到事半功倍的作用。此外,建议明确细化科研经费的使用用途,避免科研经费在配备基础设施方面金额不足,在购买配件和小型试验用品方面又有大量盈余的问题。同时,若要优化科研经费资源的使用效率,还应完善基础设施的建设,从根本上满足教师科研工作的需求。

　　刚回来时我自己从国外带了一些设备,花自己的钱,大约 5 000 美元。如果乘八的话,这个有 4 万块人民币,那时候房价很低的,750 块钱平米,如果拿这个钱去买房子……(SH03)

　　对于我的专业 10 万块的经费额度其实是比较宽裕的。这个经费支持自己参与国际的研讨会、国际的差旅,包括后来买数据、线上软件等,也是用到了这一笔的钱,其实还挺好。(SH02)

　　科研启动经费太少了,30 万的经费跟其他教师比还算多了,有的只给了 20 万。(SH04)

　　我们的科研经费主要是靠申请国家的基金课题为主,但这种课题不一定每个周期都能申请上,如果申请不上的话,就没有经费,支付开会、发表文章、交通宿费都有困难。(NJ01)

　　科研经费买设备肯定是不够的,但是一些简单的,比方说差旅,或者是说买电脑这样的一些东西,还是可以的。但是其实我觉得如果在没有基础科研设施的条件下,20 万肯定是不够的,还是希望能够有一

个专业的成熟的平台可以去使用,因为即使有足够经费,搭建和筹备什么的肯定要花时间的。(DL02)

这个是锦上添花还是雪中送炭问题,学校做雪中送炭的事情是谨慎的。通常会做锦上添花的事情,获得了什么奖励以后,就会叠加奖励。这个时候我就不需要钱了,但是又有重复奖励。(SH04)

感觉国内文科课题获批的数量及经费额度都不如理工科专业的多,对初期没有科研经费的老师而言,参加国际前沿会议很困难,工资又低,自费参会也有负担,不利于推动真正有心科研的青年教师的学术发展。(ID:19293495)

### (六)住房补贴政策对海归青年教师首聘期工作满意度影响机理

关于住房福利的反馈中约有 19% 教师持满意态度,约有 40% 教师持不满意度态度,约有 37% 教师表示一般,总体来看,海归青年教师对住房福利持不满意态度的较多。2000 年以前回国的海归教师获得分房福利的约为 89%,2013 年之后回国的海归教师获得分房福利的约为 24%。在访谈中,有教师提及被要求从过渡房搬出来、薪酬和住房补贴不够支付商品房首付、分房不兑现等问题,使教师不得不为住房的事情操心,甚至引起教师和家人的不满,最终选择离职。随着房价的上涨,高校教师已处于购买住房的"夹心层""一套房子消灭一个中产阶级"等群体[①],购买住房成为青年教师经济主要压力之一。从前文研究结果亦发现,薪酬待遇、生活支持等外在因素对海归青年教师工作初期满意度的作用系数在增强,薪资待遇的影响系数由 0.673 增加至 0.806,生活支持的影响系数由 0.487 增加至 0.787(见图 5-3),这种现象一定程度上说明教师学术职业追求,由于受到经济等压力的影响,逐步向工作带来的物质福利倾斜,不利于教师专心学术。

住房福利由政府或高校提供住房补贴,补贴的方式从较早的分配房子,到内部优惠购房,以及目前的提供住房补贴。已有研究发现受国家政策规定限制,高校不能修建集资住房,中西部高校现有房源无法解决青年教师的

---

① 汤茜草.从"被中产"到"被消失的中产":G 市高校教师群体的住宅福利与阶层认同[D].上海:华东理工大学,2012:12-20.

住房问题,同时刚参加工作的青年教师没有足够的经济实力购买商品房,租房会面临交通、环境、搬家等问题①。北京作为全国高房价城市之一,大学教师尤其青年教师的压力非常大,部分大学教师有独立的住房,现有工资水平基本能够保持相对宽裕的生活水平;部分教师没有住房,或者因每月需偿还高额房贷,面临非常大的生活压力②。建议高校重点解决教师的居住问题,提供相应的住房福利,或者延长过渡房的使用年限,保障教师和家人的基础居住条件,减少教师主要的生活支出,缓解其经济压力,使其将更多的精力投入工作中。

经济压力很大,尤其准备买房子的时候,学校只给 20 万补贴。(SH04)

从老师个人的角度来看,现在房价还是比较高的,住房补助的金额还不够首付。(NJ01)

2011 年的时候,学校为了解决我们无房户教工的住房问题,在离学校大概 20 分钟车程的一个地方,盖了一个 3 000 户的教工福利房小区,以市场价一半的价格卖给老师们,当时我赶上那一批了,解决了很大问题。(WH01)

当时回国的生活环境是极差,虽然回来时相当于是副教授,但我住在学校的研究生公寓,唯一的电器是电灯泡,环境真是太差。之后搬去了人才房,当时说可以住六年,但是后来又说只能住两年了,刚住了两年就把我赶出去。我就觉得学校什么都好,在老师的个人家庭和生活这方面实在是太差了,不仅仅是欠缺,是根本就没做什么事情。我当时还好单身,有的人带拖家带口从国外回来的怎么办? 当时有个同事就是这样的情况,有家庭、有小孩,各种操心的事情,所以人家适应不了走了。(SH04)

关于补贴的安家费,兑现的可能就稍微慢一点,我现在已经回来有

---

① 张志远,李俊林,赵金安.中西部地区地方高校青年教师生存状态的调查与研究[J].国家教育行政学院学报,2014(3): 9 - 15.

② 刘金伟,张荆,李君甫,赵卫华.北京高校教师薪酬满意度及其影响因素分析——基于北京地区 18 所高校教师的抽样调查[J].复旦教育论坛,2012(1): 71 - 77.

一年半了,现在还没有拿到 50 万安家费。(XA03)

（七）子女教育政策对海归青年教师首聘期工作满意度影响机理

调查问卷中关于子女教育的反馈,约有 38% 教师持满意态度,约有 28% 教师持不满意度态度,约有 32% 教师表示一般。较早年回国的海归表示,90 年代回国时,孩子不会中文,很难适应,家庭牺牲很大。部分海归青年教师子女为外国国籍,回国后只能就读国际学校,而国际学校的学费支出普遍很高,多数高于 10 万元/每年,海归教师表示高校的收入承担国际学校支出很吃力。访谈中的一位被调查者在问卷调查期间在国内高校就职,一年后与其联系预约访谈时,已经离开国内高校,再次归海,并表示归海的主要原因即为孩子教育问题无法得到解决。也有部分海归教师表示只有自己回国发展,配偶和子女仍然在国外,属于长期异地的状态,每年寒暑假期间要去国外与家人团聚。或者虽然子女不是外籍,但是海归教师更希望让孩子接受国外的教育,也处于与家人异地的状态。这样长期与家人异地容易产生抱怨情绪,同时海归教师不得不隔一段时间奔波往返,势必会分散工作精力。

关于子女教育方面存在的问题,访谈中海归教师的选择和态度可以分为以下几类:第一种情况为海归教师倾向于让其子女接受国内教育,但由于子女为外籍,由于户籍问题不能就读公立学校。针对此类问题,部分地区已经出台了海归人才子女绿色通道的相关政策,海归人才子女不分国籍可以就读公办学校,例如河南省发布《河南省人民政府办公厅关于建立海外留学人才来豫工作绿色通道的意见》,指出"随海外高层次留学人才生活的未成年子女,无论是否具有中国国籍,均可选择在当地公办学校就读,当地教育部门要为其协调办理入学手续,并且给予一定的优惠待遇,入选国家'海外高层次人才引进计划'和河南省'百人计划'的海外高层次留学人才的中国国籍子女参加普通高等学校招生入学计划,总分加 20 分"①。但仍有部分地区并没有相关的对策,因此建议地方政府参与协调,解决海归子女就读常

---

① 许家浩.水土不服海归愁多方合力解难题［N］.人民日报海外版,2012－02－23(07).

规学校的问题。第二种情况为海归教师倾向于让其子女接受国内教育,并且子女为中国籍,此类教师更加关注高校配套的学区设置,从访谈来看,西安、南京等新一线城市的教师表示高校职工子女配套的中、小学为地区排名较前的学校,因此该方面满意度较高。部分地区,如上海,据受访教师反馈,配套中小学的划分政策不稳定,会有这方面的担心。因此,增加优质的配套中小学的教育资源,将有助于吸引和留住高层次人才。第三种情况为海归教师的子女倾向于接受国外教育,目前国内国际学校数量少、费用高,为解决这一问题,上海、苏州等地政府专门开办了海归子女国际学校,对海归人才子女给予优惠,以解决海归人才子女国际教育问题,无论孩子为中国籍还是外国籍,均可以就读此类国际学校。

子女教育对海归青年教师工作满意度影响的归因主体为组织单位和政府。学校作为用人单位,应尽力与当地政府协调,为海归教师的子女提供优质的教育资源,并且保障相关政策的稳定性。政府为统筹高层次人才管理,适量对外籍子女开放入学政策,以及扩充国际教育资源,将有利于国家创新人才队伍的稳定和发展。

子女学校基本上没什么安排,即使子女回国,不能给分配学区房,可能会分配到附小附中的学校,不过教育质量一般,这个也不是学校能解决的,不能分配到私立学校去就读。我基本上可能每两个月都会去一趟美国,一方面有家里面的原因,一方面也有些合作。(SH01)

小孩读小学学业困难,回来的时候小学三年级,该读四年级。他之前学校都是英文,中文没读过,中文有困难。(SH03)

相关政策一直在变来变去,没有稳定的政策保障。有时候按规定小孩子户口要放在学校,有时候还规定放在住的地方,也不知道将来政策会怎么变。大部分老师对学校附属的幼儿园也好,初中学也好,是很不满意,没有固定的保障。(SH04)

因为我小孩没有中国国籍,最大的问题其实是子女的教育问题,国际学校教育费用对我们是很贵的,很大一笔开销,这也是我们最后离职的主要原因。(SC01)

### 三、海归青年教师职业发展规划和自我实现对其工作满意度影响机理

首聘期内对自身成长和发展不乐观的预期会对工作满意度产生一定的冲击。在访谈中发现,当自我成长与发展的需求未能满足时,就易产生不满意的情绪,以至于产生离职倾向,比如在首聘期时寻求科研突破、职称晋升,或者科研创新能力有所提高,当这些需求未能在首聘期得到满足时,教师在情感上会产生负面情绪反馈,发现自我成长与发展不受自身控制,而受外在条件限制,这种情绪持续下去时,会认为现有平台或者科研环境不适合自身长期的发展,进而产生离职的想法,较为直接地表现为工作积极性减弱,工作满意度较低,或者做一些工作之外的兼职。

在访谈中海归青年教师提及成长与发展的作用,具体体现在:

> 我想在科研方面重点突破一下,为了这个目标,我才决定回国,当然这是我的希望,如果在国内做不出来我就回去了(指国外)。(SH01)

> 现在学校的情况已经是限制我发展的一个比较主要的因素,我也在接触其他一些学校,很多学校是很欢迎我过去的,对他们来讲的话,可能是看中我的帽子,对于我来讲其实无所谓。(GZ01)

在访谈中海归青年教师提及自我预期与实现的作用,具体体现在:

> 回国后的发展情况和回国前预期不一样,本以为我可以按照预期的步骤走,应该不会有特别大的问题,但是因为会经历很多的行政工作也好,或者家庭的原因也好,事实上是,现在的情况可能比我预料的差很多。(SH02)

> 自己的压力比较大,我自己本身的话,虽然不是那种透支燃烧自己,但是我对自己的工作有一定的期许,我会觉得每年至少有几篇期刊产出,所以说这个压力,其实我觉得是来自自己的要求。(WH01)

> 我会觉得要顺着自己内心的声音,自己喜欢什么,我想要什么,我

想要做什么,要遵守自己的想法,所以慢慢的话,会变得比较坚定,即便会有杂音,对我已经不构成任何的干扰。(WH01)

　　工作初期很多时候需要自己心态调整,像我评职称,可能不急于哪一年,不行的话晚两年,最主要还是自己科研上有一些成果,我觉得是重要的。(SY01)

　　基于访谈资料分析发现,多数教师在职业规划上具有较高的自我追求,即职业承诺①。相对于早些年回国的海归教师所表现出的组织承诺,近几年回国的海归青年教师更倾向于职业承诺,更加忠于职业发展而不是雇主关系,体现出不断实现自我价值的重要性。人们在一个组织内工作一辈子的可能性越来越小,员工为了获得快速的职业成长,会在不同的组织间频繁流动②,员工对职业的承诺日益受到研究者的重视③。职业承诺对员工的工作投入、工作满意度、工作绩效和离职意向具有显著影响④。从调查对象的流动性来看,约有15%的教师已经离开首聘期的工作单位,寻求与个人需求更加匹配的发展平台。教师个人的成长和发展离不开组织的培养,组织欲提高教师的组织承诺,想让优秀的教师留下来稳定地工作,要先帮助他们成为更加优秀的人,即组织要帮助教师实现个人的职业承诺,哪个组织或者单位对教师的职业发展更有利,教师满意度会随之提升,因而学校要成为教师自我发展的合作者,而不仅是一个聘用者。

　　海归青年教师首聘期可能遇到自我预期以外的事情,以及各种各样的外界因素对情绪产生影响,自我预期与实现需求得不到满足时,部分海归青年教师通过自我调节与适应,降低自我预期或者对工作目标进行调整,如职称晋升不成功,把目标转移到其他方面,降低对职称的期许,以此对工作满意度产生积极的调节作用;部分教师会因此产生工作压力,当工作压力不会

① 龙立荣,方俐洛.职业承诺的理论与测量[J].心理学动态,2010,8(04):39-45.

② 翁清雄,席西民.职业成长与离职倾向:职业承诺与感知机会的调节作用[J].南开管理评论,2010,13(2):119-131.

③ 刘小禹,孙健敏,苏琴.工作感受和组织公平对员工组织承诺与职业承诺影响的跨层次研究[J].经济科学,2015,33(1):114-125.

④ Lee K, Carswell J J, Allen N J. A meta-analytic review of occupational commitment: relations with person and work related variables[J]. Journal of Applied Psychology, 2000, .85 (5): 799-811.

带来工作动力时,将对教师的科研绩效产生负向影响[①],教师由压力而产生的负反馈最终会演变成工作倦怠[②]。

基于海归教师的反馈,自我预期与实现对工作满意度的影响多数来自于教师内在的需求,虽然学校对教师的工作和科研绩效有所要求,但是教师亦会对自己有一个预期的目标,可能要高于用人单位的基本要求,当自身目标不能完全实现时,部分教师会降低预期目标,或者自身产生工作压力,这种影响会在首聘期内尤为明显。

美国心理学家弗鲁姆提出的期望理论认为,员工的期望和获得的价值共同构成了工作激励,如果期望值高或者付出努力后的结果更有价值,则工作更加积极;若期望值减小,或者努力后所获得的价值可能性小,将会减少工作的积极性[③]。当海归青年教师不能顺利实现自我预期时,会产生工作满意度的负面感受,进而影响工作的积极性。面对这种现象,海归青年教师可以适当调整首聘期的自我预期,包括学术追求、职称晋升预期等,虽然调整预期后,会对其工作积极性产生消极的调节作用,但是实现预期后产生的满足感和乐观的工作态度,将有助于教师保持持续性的驱动力,有利于学院人才队伍的稳定性发展。

## 第二节 人才政策对海归青年教师工作 满意度作用效果解析

在人才强国战略的引导下,国家、地方和高校相继出台了人才引进计划,如"青年海外高层次人才引进计划""青拔计划""优青基金"等多项青年人才项目。本书对部分高校出台的引进人才政策进行了整理汇编,请见附录3。人才项目中就高层次人才配偶的工作、子女的教育、薪酬待遇、科研

---

① 王仙雅,林盛,陈立芸.科研压力对科研绩效的影响机制研究——学术氛围与情绪智力的调节作用[J].科学学研究,2013,31(10):1564-1571.
② 王鹏,高峰强,李鹰.我国高校教师工作倦怠的群体类型研究[J].教育研究,2013(6):107-117.
③ Vroom V H. Ego-involvement, job satisfaction and job performance[J]. Personnel Psychology, 1962, 15(2):159-177.

启动经费和工作条件等方面给予特殊待遇,力求吸引海归教师回国工作,以及更加适应国内高校的工作环境。本节基于海归教师的访谈内容进一步解析人才政策的作用效果。

## 一、人才政策的"帽子"效应,效果外溢具有双面性

首先,人才政策仅惠及部分教师,由此产生了教师间的差异待遇,其作用效果具有双面性。调查问卷的对象中约有35%、访谈对象中约有24%的海归教师回国初期受到了人才项目的支持。基于调查问卷的定量分析发现,2013年以后政策支持对海归青年教师工作满意度产生了显著正向影响;基于访谈资料分析,人才政策对海归青年教师首聘期工作满意度的反馈情况如下:

> 我是人才计划引进来的,相对带来了很多便利和优势,每年招博士研究生,招到的研究生比较好。我有优先挑选权,我优先选两个人,其他人再选择。(XA02)
>
> 刚来的时候我是受益者,但是我觉得头衔不宜太多。国家引进人才没有错,但人才头衔如果泛滥了肯定是不好的。我得到了科研启动资金、教授职称、博导资格,这是我从头衔上直接获利的,刚入职就有这样一个高的起点、高的平台,让我在招生各方面都很收益,这样的话类似于跟国际接轨,国外的助理教授就可以当博导带博士研究生。(XA03)
>
> 人才帽子影响很大,大家会努力争取戴个帽子,这个帽子变成了做学术、做所有事情的一个重要的基础。因为大家会发现它能带来巨大的收益,所以每个人都会努力的往这方面去做。(BJ01)

人才政策的支持使海归教师直接获得了高报酬、好平台、高级职称等,使得海归青年教师初期工作开展比较顺利。依据问卷调查数据分析和已有研究发现,获得人才项目支持的海归青年教师年收入明显高于普通海归青年教师,2017年"四青人才"的年薪为40万至50万元。据统计,美国公立和私立大学讲师的平均工资约为5.4万美元,助理教授平均工资约为6.3万美

元,即海归青年教师获得"四青人才"人才项目支持后的薪资水平相当于美国大学助理教授。实际上人才项目即分配了学术资源与学术声誉,它也外溢至学科、高校层面,成为组织发展的重要目标。但是对于未入选人才项目的海归教师,在工作初期遇到工作瓶颈。人才项目携带的物质资源、学术认可和发展前景,在学术职业内形成了一种新的身份等级制度,一定程度上不利于学术界的良性竞争。

随着我国经济发展水平不断增强,海归人才回流数量逐步增多,普通海归教师薪酬待遇与人才项目支持引进的教师相比差距较大。从海归教师的反馈来看,由于人才政策扶持对象和支持程度每年都在调整,以至于相邻两到三年回来的海归教师差别待遇也很明显,使得前后回来的教师产生不满情绪。甚至较早回国的教师认为学术贡献与待遇倒挂,回来的越早待遇越差。

部分海归教师认为人才政策的负向影响大于正向影响,人才项目的利益外溢使得教师更多地关注外在利益,而不是自身工作。人才项目目标为通过给予一定的物质激励和提供良好的平台条件吸引海归人才回国,由于这种吸引方式,使得海归教师抱有较高的期望,但是回国后遇到承诺兑现滞后或者与期望不符等问题,使其产生了较大的落差感;此外,未获得人才支持项目的海归教师面临着资源被占用、遭到差别待遇等,易产生后悔和不满情绪。

> 回国时没有跟学校争取什么待遇,学校说开多少工资就是多少,以至于到了后来,2013年、2014年的时候,人家的年薪都已经是五六十万的时候,而我还是二十万这样子,然后一直持续到2016年。(GZ01)
>
> 每年政策都在变化,也不只是学校的问题,它随着整个国家政策变化,朝令夕改的政策延续性很差。(BJ01)
>
> 学校倾向于引进具有头衔的人才,至于是不是全职并不那么重要,因此对于全职回国但没有头衔的人来讲,待遇也就一般。(ID: 19317983)
>
> 国内高校过于看重人才的名头,没有拿到名头很难施展,生活水平也会很差,因此不建议没有拿到人才计划的人回国工作。(ID: 19295287)

学校现在都在争夺高级人才,百人、千人、杰青、优青等,并没有给引进回来的青年老师(讲师)预留很多发展的空间,没有孵育的条件和制度。(ID：19295156)

## 二、人才政策中部分内容兑现滞后,未能及时解决问题

从海归青年教师的反馈来看,人才政策中承诺的内容兑现滞后时间长,或者一直未兑现,具体包括配偶工作安排滞后、不到位,人才房配置不兑现,住房补贴滞后严重,以及试验场所和设备无法匹配等。由此可见,在引人注目的高福利、高薪酬的标签下,海归青年教师工作初期仍然面临很多实际问题未能得到解决。

评上省里的人才工程之后,约定的白纸黑字签字承诺会给 150 平米实验场地,但是目前根本没有兑现。(XA01)

入职以后没收到住房补贴,已经一年多的时间了。(XA02)

配偶工作问题始终得不到解决,身心压力极大。(ID：19317983)

对学校有几点不满:一是配偶工作安排不到位;二是初期招收研究生制度不完善,工作很累。(ID：19323342)

回国一年,办公室、实验室没有给,工资里面有 20% 的学科经费也没落实,因为没有经费,研究生只让招一个。人才房等了一年,本来说有三室一厅的在装修,结果装修完了我们没资格住。(ID：19844768)

## 三、不同层次人才政策缺乏系统性,标准不统一和公平性欠佳

2000 年之后,国家人才计划层出不穷,初期阶段,相同申报人可以在不同部门,或者按照不同学科,同时申报多个人才项目,这样产生了重复申报和重复资助的现象。此外,高校在人才引进的实际工作中未形成系统引进人才体系和人才脉络,部分人才政策以个人引进的形式,会产生海归青年教师的研究方向与学院内部的研究领域的分配不契合,增加了海归教师首聘期工作适应的难度。

很多从国外回来的人才,很聪明很有才干,但是国家没有统一管理起来,现在是一盘散沙。如果能够把他们组织起来,可以发挥很大作用。需要系统性的规划和统筹,但是国家没有这种政策,缺乏真正操作性。(SH03)

我们都是一个一个引进的,跟其他老师的专业不太一样,合作起来也比较困难,所以我们基本上各做各的。(DL02)

各省市各自引才、各高校各自引才,缺乏统一管理。(BJ04)

各个引才部门之间缺乏沟通和统一筹划,导致了各层次人才项目的重叠性和同构性。据统计 2012 至 2017 年获得青年人才项目支持的共计 4 452 人,其中同时获得两项青年项目支持的 521 人,同时获得三项青年项目支持的 82 人,同时青年人才项目入选者与"杰青"的衔接关系,出现了"从'杰青'到院士"的同构性[①]。针对这一问题,2018 年相关主管部门进行政策调整,例如处于"青年长江学者计划"与"优秀青年科学基金"资助期内的学者不能申报青年拔尖人才等,这显示出政府开始针对人才项目运行中出现的这一问题进行了治理。高校引进人才还应统筹学科发展规划,注重研究方向的关联性和时间上的持续性,形成利于学科和专业发展的科研团队建设体系。

---

① 蔺亚琼.人才项目与当代中国学术精英的塑造[J].高等教育研究,2018,39(11):1-12.

# 第七章
# 高校海归青年教师首聘期工作满意度研究结论和对策建议

国际人才市场的竞争激烈,了解和改善海归教师首聘期工作满意度,留住海归人才并且缩短其适应阶段至关重要。本书主要以海归教师的视角,采用问卷调查和访谈的研究方法,比较分析不同时期回国的青年教师首聘期工作满意度的演变和区域差异,以及探究影响海归青年教师工作满意度的关键因素和作用机理,提出改善海归青年教师首聘期工作满意度的对策建议。

## 第一节　海归青年教师首聘期工作满意度研究结论

### 一、不同时期海归青年教师首聘期工作满意度的演变

基于高校海归教师的问卷调查研究发现,1979 年至今回国的教师,首聘期工作满意度处于在较低水平略波动的形态,受到人才项目支持的教师首聘期工作满意度明显高于未受到项目支持的教师,但是受益群体仍然为少部分精英人群,对整体提高海归青年教师满意度作用不明显,整体教师群体的满意度未随着时间推移而呈现稳定上升的态势。

对比 2008 年前后回国的海归教师满意度水平,发现薪酬待遇、母国环境适应和文化适应得到了显著改善,在海外生活十年以上的海归教师满意度水平高于 2008 年前,人文社会学科青年教师满意度水平有所提高,但是回国年龄在 29 岁以下的青年教师满意度水平低于 2008 年前,一线城市中

级职称教师的首聘期满意度低于 2008 年前。

海归人才引进过程中,国家加大了对高层次人才薪酬待遇的补助,一些获得人才项目资助的教师表示薪酬待遇水平与国外相近,这部分教师薪酬待遇满意度较好。工作群体和工作条件满意度较为平稳。工作本身方面满意度随时间演进有所下降,这与人才项目的实施和近年来高校人事聘用制度的改革具有一定的关联,有学者指出具有显著等级特征的人才项目,对学术职业人群施予了更为激烈的竞争压力,从长远来看,未必有利于学术环境的整体优化以及人才的引进、培养、使用和成长[1]。

### 二、海归青年教师首聘期工作满意度的地区差异

本书对不同地区的海归青年教师首聘期工作满意度进行了对比分析,发现一线城市海归青年教师首聘期工作满意度处于三个不同类型城市的中间水平,不同年份波动比较大,仍有较大改善空间。薪酬待遇是制约一线城市海归青年教师首聘期工作满意度的重要因素。虽然北京、上海等一线城市曾控制人口流入,同时新一线城市相继出台吸引人才的新政策,加强引进人才,这种政策趋势下,有可能导致人才逃离北上广等一线城市,增加新一线城市留住人才机会[2],但从本书研究结果来看,北京、上海两地的海归青年教师首聘期工作满意度的平均水平仍然高于新一线城市。

新一线城市海归青年教师整体满意度水平较低,2013 年以来有逐步提升趋势。新一线城市海归青年教师在与领导、同事、科研团队内部的合作、沟通与交流,以及文化适应和母国环境适应等方面,均低于一线城市的水平。此前,有学者研究发现武汉、南京等新一线城市是近年来人才流失较为严重的地区[3][4],本书研究结论与上述观点相符。在访谈中海归教师反馈,虽然新一线城市的高校排名尚可,但是目前北京学术中心的地位较突出,新一线城市的高校其与学术中心距离较远。此外,由于海归教师在国内学缘

① 阎光才.学术等级系统与锦标赛制[J].北京大学教育评论,2012,10(3):8-23.
② 周慧.人才争夺战重塑人口图谱,新一线城市常住人口快速增长[N].21 世纪经济报道,2018-04-02.
③ 黄海刚,曲越,连洁.中国高端人才过度流动了吗?——基于国家"杰青"获得者的实证分析[J].中国高教研究,2018(6):56-61.
④ 黄海刚,连洁,曲越.高校"人才争夺":谁是受益者?——基于"长江学者"获得者的实证分析[J].北京师范大学学报(社会科学版),2018(5):39-51.

关系较弱,教师会感觉处于学术边缘。由此可见,距离学术中心的地理距离较远可能为武汉、南京等地满意度较低的原因之一。同时,新一线城市的物价、房价和子女教育成本不低,与一线城市相比,国际化环境、子女教育水平均不如一线城市,因此,可能为其满意度不高的又一原因。

二线城市的海归青年教师首聘期工作满意度平均得分最高。二线城市海归青年教师数量比一线城市少,并且受到引才政策支持的比例较大,其平均满意度水平较高。从调查对象的反馈来看,选择在二线城市工作的海归青年教师多数距离父母较近,在传统中国人的观念里,回归家庭,有家人陪伴会对其工作满意度起到积极的调节作用,这亦是二线城市吸引海归人才的优势所在。

### 三、海归青年教师首聘期工作满意度的影响因素与作用机理

本书构建了海归青年教师首聘期工作满意度影响因素模型,研究发现工作群体对工作满意度影响系数最大,其次是工作本身。其中,工作群体对工作满意度的影响机理主要体现在与同事关系、与领导关系、学生情况、科研评价体系和行政事务方面,通过学校或组织单位的科研评价制度、研究生招生制度、职称晋升制度和行政服务体系调节和制约青年教师的工作满意度,当教师需求和学校制度供给不平衡时,教师会产生无助感、被组织边缘化、危机感等负面情绪,从而在工作中产生抱怨、消极工作或者导致其离职。工作本身对工作满意度的影响机理主要体现在成长和发展、自我预期、工作的自主性、工作压力和学术背景方面,这些方面得不到满足时,教师可能降低工作预期和目标,被动接受,工作效率降低,或者选择离职,造成组织单位的人才流失。

工作条件对首聘期工作满意度的影响相对减小。工作条件对工作满意度的影响机理主要体现在实验条件和办公条件方面。虽然一部分海归青年教师对首聘期工作单位实验条件的情况表示不满,影响到其正常工作开展,会产生工作焦虑、落差感、苦恼、失望等负面情绪,但是多数教师表示愿意与领导积极沟通,以期尽快解决。

薪酬待遇、生活支持和人才项目的影响程度在 2013 年至 2017 年期间明显增强。回顾已有研究,较早的大学教师更加关注工作目标的实现,以及工作内容变化导致的工作满意度态度转变,到 21 世纪,教师关心的因素向

外部因素,如薪水、生活方式问题、健康的工作环境和工作保障等方面延伸[1],与本书的研究发现有相似之处。因此,随着社会环境的发展,不同时期工作满意度影响因素也在发生转变。薪酬待遇和生活支持对工作满意度的影响机理主要体现在工资水平、科研经费、住房福利和子女教育等方面,通过薪酬制度、科研补贴政策、子女教育政策、住房补贴政策等影响青年教师的工作满意度,这些方面的达不到预期时,教师可能产生不公平感,后悔选择回国,使得教师选择社会兼职或者自己创业,缓解经济和生活压力。此外,人才项目对工作满意度的效应2013年之后逐步显现出来,但是与工作群体、工作本身等方面相比较,人才项目的调节系数较小,说明人才项目对教师工作满意度提升具有局限性,政府和学校应谨慎考虑投入人才政策扶持的力度。高校吸引和留住海内外人才的重要途径,还应以灵活的政策和机制参与国际人才竞争[2],并从多方面改善现行学术体制,建立一个健康的组织文化环境[3]。

归国适应对海归青年教师首聘期工作满意度起到显著的调节作用,对二线城市的影响作用略高于一线城市和新一线城市。二线城市发展情况与一线城市和国外环境差距较大,可能导致二线城市海归教师对该方面反应比较敏感。学者赵青亦发现一线城市上海海归教师归国适应水平良好,且与其工作满意度显著正相关关系[4]。基于以上论述,二线城市高校着重关注海归青年教师在首聘期环境适应和文化适应情况,并给予适当关怀和帮助,将有助于改善海归青年教师由于环境改变和逆向文化冲击带来的不适,提升其首聘期工作满意度。

## 四、海归与非海归青年教师首聘期工作满意度的异同

综合定量和定性分析,与普通高校教师工作满意度相比,归国适应与海归青年教师首聘期工作满意度的相互作用不可忽视,它对不同时期和不同

---

① Schroder R. Job Satisfaction of Employees at a Christian University[J]. Journal of Research on Christian Education, 2008, 17(2): 225 - 246.

② 闵维方."十三五"时期我国高等教育发展战略的若干问题[J].北京大学教育评论,2016,14(1):92 - 104.

③ 阎光才.海外高层次学术人才引进的方略与对策[J].复旦教育论坛,2011(5):49 - 56.

④ 赵青.归国适应的构成维度、影响因素及其与工作满意度的关系研究——基于上海市"海归"员工的实证研究[D].上海:华东师范大学,2010:46 - 48.

类型城市的满意度均具有显著影响,尤其对于二线城市教师调节作用较大。一些个人特征变量对海归青年教师首聘期工作满意度的调节效应与已有关于普通高校教师的研究结果有所不同。此外,海归青年教师中获得人才项目支持的比例较高,然而人才项目对海归青年教师首聘期的影响具有"双刃剑"的作用,对获得支持的教师具有积极作用,相反未获得资助的海归青年教师落差较大。

与其他青年教师不同,海归青年教师重新回到母国文化环境时,可能产生的逆向文化冲击,而且这种会比进入新文化所遇到的冲击更大①,导致其首聘期工作满意度较低。研究发现不同时期回国的教师首聘期工作满意度均受到一定程度的影响,2008年至2012年期间,归国适应与薪资待遇对工作满意度的作用程度相近,且高于生活支持;到了2013年以后,归国适应的相对作用有所减小,这可能与越来越壮大的海归教师群体和高校国际化程度的深化具有一定的关联②。归国适应对不同城市类型的海归青年教师首聘期工作满意度具有显著影响,尤其对二线城市的教师调节作用较大。二线城市在公共服务、交通、医疗、教育等方面与一线城市和国外环境相差较大,因此,二线城市的海归教师对该方面的反应比较敏感,欲提高二线城市海归青年教师首聘期工作满意度,应注重青年教师组织文化的适应,以及降低教师对城市公共环境的预期,同时,逐步改善二线城市公共服务的环境。

个人特征变量对海归青年教师首聘期工作满意度的影响具有一定的特殊性。虽然年龄对高校教师工作满意度的影响存在一定的不确定性,有些研究发现整体教师年龄与工作满意度可能存在"U"的关系③,也有学者发现35至40岁年龄高校教师由于具有一定的积累,教学科研成果较多,工作满意度高于其他年龄段教师④。相对而然,海归青年教师回国年龄在35岁至40岁之间的教师情况并不理想,可能这个年龄段的教师在国外已经具有

① Cox J. The impact of information and communication technology on cultural reentry adjustment[D]. Texas: Texas A&M University, 2001: 56-92.
② 余荔.海归教师是否促进了高等教育国际化——基于"2014中国大学教师调查"的研究[J].高等教育研究,2018,39(8): 66-76.
③ Ingersoll R M. Teacher Turnover, Teacher Shortages, and the Organization of Schools[J]. Career Change, 2001: 37.
④ 李稚琳.苏州大学引进教师工作满意度研究[D].苏州:苏州大学,2003: 26-28.

一定的经验和积累,且在国外生活和工作时间较长,或者举家从国外迁移回国,或者家人在海外、自身独自回国,在生活和事业上均要重新适应新的环境,易产生逆向文化冲击①,加之若在一线城市北上广工作,生活成本较高,由于诸多因素可能导致了这一年龄阶段的海归教师回国首聘期工作满意度水平不高。

已有研究发现高校文科教师的满意度水平普遍低于理工科教师②。对于海归教师而然,早些年回国的人文社科专业教师的满意度水平较高,在工作群体、工作本身和归国适应等方面均高于理工科教师,尤其 2014 年之前回国的教师,但随着时间演进满意度呈现下降趋势,2014 年以后满意度水平低于理工科教师。据人文社会科学教师反应早年回国时工作压力相对较小,虽然国内外研究环境具有很大差别,但是在没有压力的情况下可以量力而行,结合我国的社会环境和情况做一些本土的研究,而且由于海外的背景,学院领导比较重视,给予少量经费支持即可开展研究,而近几年学校已由固定编制聘任的方式改革为合同制方式,并配有科研要求,加之科研经费不充足,使得教师的压力明显增加。

综合来看,海归青年教师首聘期工作满意度的特征与普通高校青年教师具有一定的相似之处,比如资源分配的冲突、工作压力、学生招收、行政事务等问题;同时具有一定的特殊性,主要体现在归国适应与工作满意度的相互作用关系,以及回国年龄、学科、学术背景差异、工作自主性、科研体系评价对其调节效应的差异等,当国内高校的组织环境与国外差异较大时,海归青年教师可能遇到的问题更多,产生的不满情绪反应相对较大。

## 第二节　改善海归青年教师首聘期
## 工作满意度的对策建议

海归青年教师首聘期工作满意度的影响机理可以总结为教师个人层

---

① 余晓飞.基于工作满意度视角的高校"海归"教师人力资源管理政策研究——以上海高校"海归"教师为例[D].上海:复旦大学,2009:45-57.
② 吴娴.研究型大学教师工作满意度与职业倦怠关系研究[D].大连:大连理工大学,2009:15-40.

面、学校和学院层面以及国家层面。主要针对学校和学院层面以及国家层面提出相关对策建议,以期提升海归青年教师首聘期满意度,充分发挥海归青年教师主观能动性。

## 一、教师个人层面:提升海归教师的工作意识创新

从访谈中发现,有些海归教师对国内高校各部门的功能和作用不够了解,需要一至两年的时间"摸清"工作流程。一方面可以通过年轻教师与老教师交流,从中尽快熟悉学校、学院的环境和工作流程;另一方面海归青年教师之间经历相似,在工作中可能遇到类似的困惑,通过彼此间的沟通,易寻找到共同的解决办法,进而有效的相互促进和相互影响,便于更快地融入新的组织环境。

部分学科的研究方法和研究选题国内外差异较大,因此,有些海归教师回国初期遭遇"学术硬着陆"[①],建议青年海归教师回国前应具有合理的预期,入职前主动了解国内学术进展和国内外研究差异,均衡衡量研究前沿问题和工作单位的学科发展需要及时做出调整,以便首聘期顺利开展相关工作。

## 二、学校和学院层面:完善海归教师管理的制度创新

(一)明确聘用合同细节,个性化制定"一人一策"

目前教师聘用合同的签署过程为聘用合同文本由校方统一提供,教师与学校商量和沟通的余地较小,多数情况被动接受,签字即可,处于信息不对称的劣势地位[②],难以实现劳动合同当中双方对等协商的基本预设。至此,教师聘用合同中高校与教师二者间的平权关系演变为高校既是规则的制定者同时又是规则的执行者,逐渐垄断了教师在工作中的紧缺资源和实现利益的机会,产生了失衡的关系[③④]。此外,"非升即走"的聘用制度,实际上加强了高校对于教师的控制,为行政监管创造了便利条件。面对此境遇,

① 朱佳妮.'学术硬着陆':高校文科青年海归教师的工作适应研究[J].复旦教育论坛,2017,15(3):87-92.
② 江国华,韩玉芳.论中国大学教师聘任合同之'畸形'及其矫正[C]."教师权利及其法律保障"学术研讨会.北京,2014.
③ 孙建忠.高校教师聘任制改革的历史沿革与实践困惑[J].曲靖师范学院学报,2011,27(5):10-15.
④ 徐勇.法治视角下的高校教师聘任制[J].国家教育行政学院学报,2005(4):55-58.

建议高校根据海归青年教师情况,个性化制定"一人一策",双方协商聘用细则,细化教师聘用合同条款,参考教师合理需求,共同拟定合意的聘用合同。

(二)行政工作流程再造,注重部门之间的相互配合和沟通

高校行政管理对教师工作的开展至关重要,尤其在工作初期,教师入职初期涉及的行政手续和资格审查等工作较多,各个环节均需要行政管理部门配合。有学者建议通过区别化、集成化、信息化方式重新设计行政业务流程,以精简、整合为手段重组组织结构,实现从权利型到责任型、从隶属关系到协作关系的部门职能转变[①]。行政工作的流程设计以服务师生为主要目标,采用信息化管理,促进高校行政管理工作科学化、规范化、高效率和低成本[②],并且有利于多部门之间有效配合,提高高校行政工作效率。目前国家和高校以高成本引进高层次人才,若引进的教师需花费一到两年的时间磨合和适应学校的行政管理体制,对于高校来说得不偿失。因此,尤其需要统一和完善新教师工作初期的管理流程,缩短教师工作初期对学校行政管理的适应期,完善二级学院科研秘书管理机制,分担新教师入职后的行政事务流程,使新进教师尽快潜心投入教学和科研的工作。

(三)优化学校和学院奖励体系,实现多层次互补型激励机制

目前在国家大力引才政策的指导下,通常引进人才后学校和学院配合国家政策同比例配备科研启动经费,或者教师在申请重大课题后学校会加大对该项目的支持,再补充经费投入等,这就是访谈对象提到的"锦上添花"的方式,而一些出成果慢、需要长期稳定投入的领域,通常需要教师自寻出路。建议反思高校管理中以绩效为导向的"锦上添花"的管理模式,建立多层次互补型的激励机制。高校需增强自主学术判断力,合理分配学校和学院可控的资源,对利于地区发展和具有学术创造价值的领域给予一定的支持。多层次互补型激励机制将会激发青年教师的积极性,对提升青年教师工作满意度起到事倍功半的效果。

(四)集中解决教师住房问题,完善过渡房使用制度

问卷调查中2000年前回国的海归教师获得分房福利的约为89%,2013

---

① 孙荣,陈莹.高校行政流程再造:内涵、路径与影响因素[J].高等教育研究,2012(9):30-35.
② 陈文明,齐欢.论高等学校行政管理工作信息化[J].高等教育研究,2001(6):76-78.

年之后回国的海归教师获得分房福利的约为 24％。随着房价的上涨,住房问题成为青年教师经济压力的主要来源。住房补贴、薪酬待遇等外在因素对海归青年教师工作初期满意度的影响作用在增强,这种现象一定程度上说明由于受到经济等压力的影响,教师的学术职业追求向工作带来的物质福利倾斜,不利于教师专心学术。在访谈中,教师提到被要求从过渡房搬出来、薪酬和住房补贴不够支付商品房首付、分房不兑现等问题,都直接影响到生活和工作。针对以上住房问题,建议高校重视教师的居住问题,提供相应的住房福利,包括合理规划过渡房的使用规定、提供租房补贴或者落实租房报销制度,保障教师和家人的基本居住条件,减少教师主要的生活支出,缓解其经济压力,使其工作少受物质因素干扰。

（五）把控教学质量基础上,适当放宽青年教师教学自主权

专业自主权是大学教师学术权力系统的基本权利,学术权力与行政权力的矛盾是专业自主权实现的主要障碍①。已有很多学者呼吁高校学术权力的行使,对学术、行政和政治共同治理的三个关键因素展开了深入讨论②,但从访谈反馈来看,教师的专业自主权并没有明显改善,反而趋于被弱化。为了监督和提升教学质量,部分学校要求教师上课和考核方式的设定需要学校教务处批准,教师仅具备有限选择权,此外,在课程开设和申请上,要求限制较多,例如需达到多少数量学生选择才可以开设,这种管理方式阻碍了教师自主权的发挥和落实。高校一方面需要规范教师教学行为,同时还应鼓励青年教师教学创新,创造性地实践教育。因此,建议高校把严格的管束转变为学校对教师的鼓励和信任,把集中教育教学权分散给教师,提倡教师的多元化教学,激励有教学创意的教师脱颖而出③。

（六）注重同行评议,稳步调整和完善科研评价标准

据调查对象反馈,高校科研评价标准存在"一刀切"、评价标准不稳定、不科学、不合理等问题。科研评价与青年教师的绩效考核、职称晋升等密切

---

① 张立忠.学术权力与行政权力博弈下大学教师专业自主权的实现——兼论大学"去行政化"[J].理论导刊,2016(10).

② 周作宇、刘益东.权力三角：现代大学治理的理论模型[J].北京师范大学学报(社会科学版),2018(1)：5－16.

③ 吴志宏.把教育专业自主权回归教师——我们需要什么样的教育管理[J].教育发展研究,2002,22(9)：34－39.

相关,亦关系到教师的成长、职业规划等①。目前,很多综合类高校设计了较为复杂的量化科研指标体系,将论文的考核按照期刊级别、论文数量等进行分值转化,同时,将不同级别的课题分为不同比重等方式综合评估不同专业的教师科研能力和绩效。这种评价方式使不同学科的教师产生了不满情绪,也造成了恶性竞争、分拆论文等不良情况②。

部分高校已开始实施科研评价的改革,采用国内外同行评议的方式进行评定,但是这种科研评价的流程成本较高,通常高校在引进人才时采用此种方式,在后续绩效考核和职称晋升等环节,依然存在前述的诸多问题。建议高校重视国内外同行评议的专业标准,多个院校合作成立国内外不同专业领域的评审合作团体,规划具体流程,使科研评价体系更加专业化、国际化和合理化。

### 三、国家层面：鼓励高层次人才引进与管理的政策创新

#### （一）扩大人才政策的受惠群体,减小教师待遇差距

人才项目成为学术精英选拔赛或淘汰赛③,对少数优秀者给予特别关怀以及倾斜式的资源分配,优先赋予发展机遇④,以至于少数人集中了优质资源,使得未能入选教师落差较大。人才项目的目标为吸引高层次人才回国,带动科学技术的发展,然而学术环境与高层次人才的需求匹配程度决定了精英群体是否会稳定、长久地留在国内,踏实地进行学术研究。人才项目不仅要吸引精英回国,同时应扶持和培养更多的高水平、具有国际视野的教育工作者,整体提高教师工作条件、福利待遇等,缩小教师之间的差距,综合提高教师队伍的工作群体和科研氛围,创造良好的学术环境。

建议削弱人才政策衍生的利益链,还原人才政策的荣誉属性,避免资源叠加聚集,将人才称号与个人科研立项、职称评定、岗位变动、科研成果评价

① 刘莉,董彦邦,朱莉等.科研评价:中国一流大学重大原创性成果产出少的瓶颈因素——基于国内外精英科学家的调查结果[J].高等教育研究,2018,39(8):28-36.
② 蒋莹,陈斐.高校海外高层次人才引进现状与优化对策研究——以江苏省为例[J].科技管理研究,2014,v.34;No.322(24):107-111.
③ 蔺亚琼.人才项目与当代中国学术精英的塑造[J].高等教育研究,2018,39(11):1-12.
④ 赵炬明.精英主义与单位制度——对中国大学组织与管理的案例研究[J].北京大学教育评论,2006,04(1):173-191.

等脱钩,减少人才称号附带的经济利益和行政利益,依靠完善的教学和科研评价体系衡量教师贡献和学术能力①。弱化个体精英光环,加强科研创新团队的整体引进,同时与世界高水平大学建立合作伙伴关系,以实施人才的集群化和规模化②。

（二）加强人才库建设与管理,完善各部门的沟通和合作

各部门统筹管理人才信息,对入选人员进行及时信息化管理,实现人才项目评估部门信息共享,各部门之间有序衔接和集中化管理③。明确各级别部门执行范围,政府积极监督高校有效地实施人才项目中包含的各项内容,并赋予地方和高校落实人才项目的权力和义务。同时为使人才项目达到切实服务优秀科研人员的目的,人才项目实施后,建议各级部门定期回收项目入选对象的反馈,及时总结反馈和解决未落实的各项内容。

（三）人才引进与人才培养政策并重,形成多级联动的人才培养模式

引才工作是人才总量增加的首要源头,育才工作是人才质量提升的重要手段④。已有高校青年教师培养政策中更多强调了以"促进学校发展"为目标,而非"满足教师需求",教师主体地位的认识不足⑤。从人才统筹规划和管理来看,教师资源虽然由高校管理,但是人力资本是国家科学技术和高等教育发展的内在驱动力。因此,教师资源某种程度上不属于某个大学,还有待于跳出大学管理的框架,从"学校本位"转向"学者本位",形成多级联动的培养体系。由政府或者教育主管部门提供青年教师工作初期的基础性经费支持,以及依托国家人才培养政策,与国际国内顶尖科学家或实验室合作共建科技创新平台,结合内部培养机制,提升人才智力资本水平;地方政府和高校提供教师间的业务交流和业务合作,为青年教师提供平台,进而形成地区学术专业团体。兼顾人才引进与人才培养政策,完善人才保障机制和优化人才生态系统,提升我国在国际人才市场中的核心竞争力。

---

① 徐凤辉,王俊.中国高层次青年人才项目实施现状分析[J].教育科学文摘,2018(3)：7－9.
② 余荔.海归教师是否促进了高等教育国际化——基于"2014 中国大学教师调查"的研究[J].高等教育研究,2018,39(8)：66－76.
③ 徐凤辉,王俊.中国高层次青年人才项目实施现状分析[J].教育科学文摘,2018(3)：7－9.
④ 林新奇.构建完善的"引育用留"人才制度体系[J].人民论坛,2018(15)：34－36.
⑤ 朱宁波,曹茂甲.我国高校青年教师培养政策的文本分析[J].教育科学,2017,33(4)：62－68.

## 第三节　关于高校海归青年教师首聘期
## 工作满意度研究的反思

工作满意度是一个非常复杂的情绪反应,受到调查数据采集时间点调查对象情绪、个人期待等多方面的影响。国内外学术界对工作满意度的内涵存在多种维度的界定,对工作满意度的影响因素存在多种多样的解释。本书聚焦海归青年教师群体,且针对其首聘期的特定时间段,并从时空差异的两个维度去研究工作满意度,存在较大的研究难度,这也是本书可能的局限所在。具体来说,本书存在的不足之处和有待于后续研究深入讨论的方面包括如下几点:

第一,关于"首聘期"概念界定的局限性。"首聘期"为近几年在教师人事聘用过程中提出的概念,本书中包含了早期回国的海归教师,将"首聘期"这一概念在时间上向前延伸,界定为回国工作初期三年(含三年),并在调查问卷和访谈设计中进行了标注和解释。

第二,样本数量和分布的局限性。本书研究对象为在海外获得博士学位的海归教师群体,手动搜索各地高校的各个学院网页,查找教师简历而获得样本信息。由于部分高校某些学院的网页信息不全,以至于获得的海归教师信息有限。此外,一些教师回国工作一段时间后,由于各种原因又重新出国发展,按照本书海归教师信息收集的方法,未能获得已经离开国内高校的教师情况。不过在本书研究对象中,有部分教师在填写调查问卷时在国内高校就职,但是后期联系访谈时已经再次归海,本书亦对其进行了深入访谈,但这种已经离职的样本数量较少,仍有待进一步探索和讨论。

在样本分布上,本书力求探讨不同时期回国的海归青年教师工作满意度情况,但是由于 2000 年以前回国的海归教师较少。此外,本书主要采用定量分析方式筛选了关键影响因素,以建立假设和验证假设的方式,一些假设得到了验证,一些假设未获得验证,未获得验证的假设从已有的研究理论来看,仍具有一定的理论依据,可能由于研究对象的特殊性或者样本的局限性等原因,因此,需要进一步探讨和分析。

第三,回顾性评价的局限性。在访谈中发现,较早年回国的教师在对其首聘期工作满意度的情况进行回顾时,被访者有时会将回顾事件与现在状况进行对比后得出评价。依据心理学中关于回忆与再认的研究内容,对于回忆准确性的观点,不同学者从不同角度有着各自的解释,有的学者提出了比较积极的观点,如霍沃德发现刚进入职业生涯的回忆准确性不会随着时间的推进而有所减退[①];学者奥克斯纳研究发现负面影响的事件和感受更容易被记忆[②]。现有研究中,存在基于回顾过去的情绪感受而进行的学术研究,例如哈格里弗斯依据教师对过去教育改革而产生回顾性感受,对教师情绪与教师年龄和职业阶段的关系进行分析[③]。但是有观点认为回忆多年前的事件可能会涉及一定的重建,会受到个人叙述的影响而产生偏见。同时有观点认为回顾性产生的数据是可以应用的,但其准确性可能存在一定的问题[④]。因此,在对不同时期海归教师工作满意度进行研究时,有待于连续地、每相隔一至两年系统地进行调研,积累数据,进而可以用于时间序列上的对比分析。

随着高等教育和教师队伍国际化程度的加深,海归教师群体在高校中的特殊性可能会逐渐淡化,本书的研究方法亦可以应用于分析更多拥有国际化背景的青年教师工作满意度,并且根据工作满意度预测其职业怠倦、离职倾向等问题。在国家、地方、高校引进人才后,是否能够充分发挥海归人才的优势,带动科技创新发展、推动高校国际合作、促进高等教育国际化,提升我国各专业领域的国际学术话语权,这些问题都值得深入探讨,也是中国高等教育国际化改革过程中需要面对的。希望通过本书反映出海归青年教师工作情况历史发展的演变,为我国高校教师管理提供一定理论依据和实践参考。

① Howard R. Testing the accuracy of the retrospective recall method used in expertise research[J]. Behavior Research Method, 2011, 43 (4): 931 - 941.

② Ochsner N K. Are Affective Events Richly Recollected or Simply Familiar? The Experience and Process of Recognizing Feelings Past[J]. Journal of Experimental Psychology, 2000, 129(2): 242 - 261.

③ Hargreaves A. Educational change takes ages: Life, career and generational factors in teachers' emotional responses to educational change[J]. Teaching and Teacher Education, 2005, 21(8): 967 - 983.

④ Choi S, Suh E M. Retrospective time travel in life satisfaction judgment: A life history approach[J]. Personality and Individual Differences, 2018, 129: 138 - 142.

# 附录一
# 海归教师工作满意度调查问卷

## 知 情 同 意 书

尊敬的老师：

您好！

课题组受全国教育科学规划办公室资助，研究我国不同年代回国的海归教师工作初期满意度及其影响因素等方面，据此提出改进海归教师工作环境的政策建议。有劳您基于回国工作初期（回国工作 1 至 3 年期间）的感受填写调查问卷。您的参与将对研究的顺利开展、提出海归人才政策改革建议等具有非常重要的意义。

本调查严格遵守学术伦理规范和国家的相关法律法规，采用匿名方式，且所有信息均严格保密，结果仅作学术研究使用，不会对您产生任何负面影响。

提交问卷表示您已经阅读知情同意书并愿意参与研究。

非常感谢您的支持！衷心祝愿您和家人万事如意！

《高校海归青年教师首聘期满意度时空分异、

影响因素与政策机理研究》课题组

## 一、基本信息

您的性别：［单选题］［必答题］

○ 男 　　○ 女

您的出生地是：［单选题］［必答题］

○ 中国大陆 　　　○ 中国港澳台地区 　　○ 其他国家

您现在年龄在：［单选题］［必答题］

○ 29 岁及以下 　　○ 30—35 岁 　　○ 36—40 岁 　　○ 41—50 岁

○ 50 岁以上

您现在所在的学校名称：［填空题］［必答题］＿＿＿＿＿＿＿＿＿

您在国外或境外（包括港澳台地区）的求学和研究经历包括：［多选题］［必答题］

□ 学士　　　□ 硕士　　　□ 博士，具体地区＿＿＿＿＿＿＿＿＿

□ 博士后　　□ 其他＿＿＿＿＿＿＿

您在国外累计生活时间：［单选题］［必答题］

○ 1 年以内　　○ 1.1—3 年　　○ 3.1—5 年　　○ 5.1—10 年

○ 10 年以上

您在国外累计任教时间：［单选题］［必答题］

○ 毕业后直接回国　　○ 1 年以内　　○ 1.1—3 年　　○ 3.1—5 年

○ 5.1—10 年　　　　○ 10 年以上

您的出国方式是：［单选题］［必答题］

○ 自费　　○ 国家留学基金委资助　　○ 国内所在学校/工作单位资助

○ 国外企业/学校/学院/导师奖学金（基金）资助　　○ 其他＿＿＿＿＿

您回国工作 1—3 年期间，是否享有人才引进政策（如万人计划、海外高层次人才引进计划、百人计划等国家、省市地区和学校的相关政策）［单选题］

○ 是，请填写具体人才计划名称＿＿＿＿＿＿＿＿＿ *　　　○ 否

您回国工作 1—3 年期间的工作单位是否与现在学校相同［单选题］［必答题］

○ 是　　○ 否

请依次填写回国后的工作单位［填空题］［必答题］＿＿＿＿＿＿＿＿＿

您回国工作时的年龄以及具体年份：［单选题］［必答题］

○ 29 岁及以下，回国年份＿＿＿＿＿＿＿＿＿ *

○ 30—35 岁，回国年份＿＿＿＿＿＿＿＿＿ *

○ 36—40 岁，回国年份＿＿＿＿＿＿＿＿＿ *

○ 41—50 岁，回国年份＿＿＿＿＿＿＿＿＿ *

○ 50 岁以上，回国年份＿＿＿＿＿＿＿＿＿ *

您回国工作 1—3 年期间，在国内高校的工作性质［单选题］［必答题］

○ 全职　　○ 兼职　　○ 其他

您回国工作 1—3 年期间是否拥有房产：［单选题］［必答题］

○ 无　　　○ 有

您回国工作 1—3 年期间，平均年收入约为［单选题］［必答题］

○ 1 万元及以下　　○ 1.1—5 万元　　○ 5.1—15 万元

○ 15.1—30 万元　　○ 30.1—60 万元　　○ 60.1—100 万元

○ 100 万元以上

您刚回国工作时的科研启动经费约为［单选题］［必答题］

○ 没有　　○ 5 万元以下　　○ 5.1—10 万元　　○ 10.1—30 万元

○ 30.1—60 万元　　○ 60.1—100 万元　　○ 100 万元以上

○ 不适用

您刚回国工作时，学校提供的住房补贴合计约为［单选题］［必答题］

○ 没有　　○ 5 万元及以下　　○ 5.1—10 万元　　○ 10.1—30 万元

○ 30.1—60 万元　　○ 60.1—100 万元　　○ 100 万以上　　○ 不适用

您回国工作 1—3 年期间，是否享受到学校提供的分房福利［单选题］［必答题］

○ 是　　　○ 否

您回国工作 1—3 年期间所在学校是您：［多选题］［必答题］

□ 本科就读学校　　　□ 硕士就读学校　　　□ 博士就读学校

□ 博士后工作单位　　□ 交流访学单位　　　□ 曾经工作的学校

□ 没有交集　　□ 其他＿＿＿＿＿＿＿＿


您回国工作 1—3 年期间最高职称：［单选题］［必答题］

○ 正高级（教授、研究员）　　　○ 副高级（副教授、副研究员）

○ 中级（讲师、助理研究员）

○ 初级（助教、研究实习员）

您回国工作 1—3 年期间任教的学科门类［单选题］［必答题］

○ 理学　　○ 工学　　○ 医学　　○ 农学　　○ 军事学　　○ 法学

○ 经济学　　○ 管理学　　○ 哲学　　○ 教育学　　○ 文学

○ 历史学　　○ 艺术学　　○ 其他

您回国工作 1—3 年期间获得过何种级别的教学奖励：[多选题][必答题]

□ 国家级　　　□ 省部级　　　□ 市级、地区级　　　□ 校级　　　□ 没有

您回国工作初期(回国工作 1—3 年期间)成功申请何种级别的科研项目：[多选题][必答题]

□ 国际合作　　　□ 国家级　　　□ 省部级　　　□ 市级、地区级　　　□ 校级
□ 没有

您回国工作 1—3 年期间在国外核心期刊(SCI/SSCI/A&HCI/EI 等)以独立作者/第一作者/通讯作者发表的学术论文数量[单选题][必答题]

○ 没有　　　○ 3 篇及以内　　　○ 4—6 篇　　　○ 7—9 篇
○ 10 篇及以上

若您现在回国工作未满 3 年,未来 5 年规划是[单选题]

○ 在本单位继续工作　　　○ 考虑转到国内其他科研机构或高校工作
○ 考虑深造或者出国工作　　　○ 考虑转到公司或企业工作
○ 目前没有计划,但若有好的其他机会可以考虑　　　○ 其他＿＿＿＿＿

## 二、总体满意度

以下是关于您对工作的总体满意度,请选出最符合您的感受的选项。[矩阵量表题][必答题]

| | 非常<br>不满意 | 比较<br>不满意 | 一般 | 比较<br>满意 | 非常<br>满意 |
|---|---|---|---|---|---|
| 您对现在工作的总体满意度 | ○ | ○ | ○ | ○ | ○ |
| 您对回国工作 1—3 年期间的总体工作满意度(若您目前回国不满 3 年,请选择与上一题相同的回答) | ○ | ○ | ○ | ○ | ○ |

## 三、回国初期工作状况调查

请仔细阅读以下有关工作状况的叙述,请基于回国初期(回国工作 1—3 年期间)的工作感受,选出最符合的选项。例如：第 6 题:"回国初期能够融入

国内社交环境,如跟朋友聚会等",如果您在回国工作的 1—3 年期间,非常不适应国内的社交环境,可选择"非常不符合";如果很适应朋友间的日常社交,可选择"非常符合"。[矩阵量表题][必答题]

| | 不适用 | 非常<br>不符合 | 比较<br>不符合 | 一般 | 比较<br>符合 | 非常<br>符合 |
|---|---|---|---|---|---|---|
| 学校所在城市经济发展水平好 | ○ | ○ | ○ | ○ | ○ | ○ |
| 学校所在城市公共服务完善(交通、医疗、教育等) | ○ | ○ | ○ | ○ | ○ | ○ |
| 学校地理位置方便照顾父母 | ○ | ○ | ○ | ○ | ○ | ○ |
| 回国前适应留学所在国家的风俗 | ○ | ○ | ○ | ○ | ○ | ○ |
| 回国初期能够融入国内社交环境,如跟朋友聚会等 | ○ | ○ | ○ | ○ | ○ | ○ |
| 回国初期适应日常生活中的相关规定,如交通规则、社区办理事项规章等 | ○ | ○ | ○ | ○ | ○ | ○ |
| 回国初期感到生活便捷,如网上购物、网约车等(若您回国时间较早,国内科技尚不如海外先进,请选择不符合类选项) | ○ | ○ | ○ | ○ | ○ | ○ |
| 学校/学院提供的工资水平 | ○ | ○ | ○ | ○ | ○ | ○ |
| 学校/学院提供的奖金、津贴等 | ○ | ○ | ○ | ○ | ○ | ○ |
| 未来的加薪预期好 | ○ | ○ | ○ | ○ | ○ | ○ |
| 学校有关海归教师户籍的政策完善 | ○ | ○ | ○ | ○ | ○ | ○ |
| 学校有关海归教师住房的政策完善 | ○ | ○ | ○ | ○ | ○ | ○ |
| 学校有关海归教师配偶工作的政策完善 | ○ | ○ | ○ | ○ | ○ | ○ |
| 学校有关海归教师子女就学的政策完善 | ○ | ○ | ○ | ○ | ○ | ○ |

续　表

| | 不适用 | 非常不符合 | 比较不符合 | 一般 | 比较符合 | 非常符合 |
|---|---|---|---|---|---|---|
| 个人可支配的时间自由 | ○ | ○ | ○ | ○ | ○ | ○ |
| 所在学科或平台提供的事业发展机会较好 | ○ | ○ | ○ | ○ | ○ | ○ |
| 学校/学院实验条件(包括实验场地、设备等)完善 | ○ | ○ | ○ | ○ | ○ | ○ |
| 学校提供的办公条件(包括教学条件、图书馆资料等)良好 | ○ | ○ | ○ | ○ | ○ | ○ |
| 学校/学院提供的科研启动经费充足 | ○ | ○ | ○ | ○ | ○ | ○ |
| 工作的自主性强 | ○ | ○ | ○ | ○ | ○ | ○ |
| 工作的稳定性好 | ○ | ○ | ○ | ○ | ○ | ○ |
| 工作的压力程度小 | ○ | ○ | ○ | ○ | ○ | ○ |
| 个人研究生(硕士、博士)招收合理 | ○ | ○ | ○ | ○ | ○ | ○ |
| 认同学校/学院领导的领导风格与管理方式 | ○ | ○ | ○ | ○ | ○ | ○ |
| 学校/学院科研合作氛围好 | ○ | ○ | ○ | ○ | ○ | ○ |
| 学校/学院人际关系和谐 | ○ | ○ | ○ | ○ | ○ | ○ |
| 学校/学院的学术交流机会多 | ○ | ○ | ○ | ○ | ○ | ○ |
| 学校/学院晋升与考评机制合理 | ○ | ○ | ○ | ○ | ○ | ○ |
| 自己工作目标的实现程度高 | ○ | ○ | ○ | ○ | ○ | ○ |
| 工作中体验到的成就感强 | ○ | ○ | ○ | ○ | ○ | ○ |
| 教师工作具有的社会责任感 | ○ | ○ | ○ | ○ | ○ | ○ |

其他补充说明,请描述您对回国初期工作方面的一些感想和看法等。[填空题]

真诚感谢您的参与！

如果您愿意继续参与我们后期的访谈，请留下您的联系方式。我们愿意与您分享我们的研究成果。访谈之后，我们将对您付出的时间表示感谢。非常期待您的参与和分享！

姓氏　　　_____

手机　　　_____

邮箱　　　_____

（本问卷到此结束，谢谢您的配合！）

# 附录二
# 海归教师首聘期工作满意度访谈提纲

请描述工作首聘期,即工作前 3 年的工作感受。

1. 您当初回国的主要原因是什么?

2. 您来到现在的城市(首聘期工作单位的城市)发展最关注的因素有哪些?

3. 您来贵校最关注的因素有哪些?(薪酬,学校声誉,职业发展空间,科研支持,家属与子女安置政策等等)

4. 您来贵校的途径与渠道?(网站搜索,学术前辈、朋友介绍,高校主动联系)

5. 请结合自身经验,谈谈贵校招聘与录用过程的感受怎样,您觉得还有哪些待改进的地方?

6. 您在首聘期是否享受了人才项目的资助? 如果有,资助的兑现情况? 如果没有的话,您对目前出台的引才政策怎么看?

7. 您认为与回国之前的预期,在哪些方面有着很大差异?

8. 您认为最初的工作的团队怎么样? 对您的工作的影响?

9. 您在首聘期的晋升过程是怎样的?

10. 在首聘期申请国家重大项目上遇到的困难有哪些?

11. 首聘期,与学生相处怎么样,研究生招收情况如何?

12. 首聘期,大概一年会参加几次国际交流,经费来源? 邀请哪些专家到学校交流呢?

13. 您对工作中所需要的实验条件和办公条件? 与国际水平的差距有哪些? 设备经费是否充足?

14. 首聘期薪酬待遇情况如何,经济压力体现在哪些方面?

15. 住房、配偶工作和子女教育安排情况如何? 如何平衡工作和生活?

16. 您在工作中的体会的压力来自哪些方面?

17. 首聘期内或者首聘期结束您是否可曾想过离职? 离职的原因是什么? 没有离职的主要原因是什么?

18. (回想首聘期/目前)您对自己各方面的发展总体上满意吗? 有哪些方面满意,哪些方面还有待提高?

19. 您在首聘期最不满意的事情是什么? 感到满意的方面是什么?

20. 您现在有留存首聘期写的类似于工作总结的吗? 博客? 或者您当时的日记,愿意分享吗?

结束:非常感谢你来参加访谈,希望我们能继续保持联系,如果对研究有什么问题或者反馈意见可以随时通过邮箱与我们联系。

# 附录三
# 部分高校人才政策汇编

| 学校 | 人才计划名称 | 启动时间 | 资助对象和相关内容 | 政策文本 |
|---|---|---|---|---|
| 北京航空航天大学 | "蓝天新秀"人才培养计划 | 2012 | 1. 申报人应为2011年12月23日后入校工作的青年骨干教师,年龄一般不超过32周岁(1980年1月1日(含)后出生)。<br>2. 申报人已获得博士学位,聘任教师系列岗位,并符合下列条件之一:<br>(1) 全国百篇优秀博士学位论文提名奖或获得者,或省部级优秀博士论文获得者,或"985"高校优秀博士学位论文获得者;<br>(2) 获国家科技成果三大奖(排名前10名以内),或省部级科技成果三大奖(排名前3名以内);<br>(3) 全国博士后基金特别资助或面上一等资助获得者,或北航优秀博士后获得者;<br>(4) 国家自然科学基金项目或国家社科基金项目获得者;<br>(5) 学士、硕士、博士三个学位均在"985"高校获得,或具有2年(含)以上留学经历。 | 《关于做好北京航空航天大学2012年度"蓝天新秀"申报选拔工作的通知》 |
| 北京航空航天大学 | 卓越百人计划 | 2012 | 在海外著名大学取得博士学位;在国内取得博士学位的,应具有2年以上在海外著名大学或研究机构工作的经历(出国期间人事或工作关系不在国内),回国(来华)前在海外知名高校、科研机构或知名企业研发机构有正式教学或科研职 | 《学科建设与队伍建设规划(2011—2015)》 |

续　表

| 学校 | 人才计划名称 | 启动时间 | 资助对象和相关内容 | 政策文本 |
|---|---|---|---|---|
| 北京航空航天大学 | | | 位;入选后能够全职到我校工作。自然科学类原则上 40 周岁(含)以下,人文社会科学类原则上 45 周岁(含)以下。 | |
| 北京师范大学 | 京师英才奖励支持计划 | 2011 | 具有博士学位,在学校教学科研第一线工作一年以上,年龄不超过 40 岁(以当年 12 月 31 日为准)的副教授(含)以下教学科研人员。 | 《北京师范大学人才队伍建设规划(2010—2020)》(师校发〔2011〕1 号);《北京师范大学关于加强高层次人才工作的决定》(师校发〔2008〕39 号) |
| 北京师范大学 | 资深教授 | 2004 | 年龄不低于 60 周岁(含)、不超过 79 周岁(含)。 | 2003 年,教育部下发了《关于进一步发展繁荣高校哲学社会科学的若干意见》。2004 年下发《中共北京师范大学委员会关于加快哲学社会科学繁荣发展的决定》(师党发〔2004〕11 号) |
| 北京大学 | 博雅计划讲席教授 | 2016 | 候选人可从北京大学在职教授中遴选聘任,也可直接招聘引进国内外著名大学、科研机构的顶尖人才。 | 北京大学博雅讲席教授聘任办法(试行) |
| 北京大学 | 博雅计划青年学者 | 2016 | 在北京大学预聘职位( tenure track )人员中遴选聘任。 | 北京大学博雅青年学者聘任办法(试行) |
| 北京大学 | 北京大学"百人计划" | 2005 | 应有博士学位和良好的学习工作经历;年龄一般在 35 周岁左右(人文社会科学学科、医学学科可适当放宽)。 | 《北京大学优秀青年人才引进计划》(校发〔2007〕203 号)、《〈北京大学优秀青年人才引进计划(试行)〉实施细则》(校发〔2005〕281 |

| 学校 | 人才计划名称 | 启动时间 | 资助对象和相关内容 | 政策文本 |
|---|---|---|---|---|
| 北京大学 | | | | 号）、《〈北京大学优秀青年人才引进计划〉考核实施细则（试行）》（校发〔2009〕19 号） |
| 清华大学 | 清华大学百人计划 | 1998 | 年龄一般不超过 45 周岁。国内应聘者应具有正高级职务，国外应聘者应达到我校教授职务水平。 | — |
| 中国人民大学 | 中国人民大学引进海外人才项目 | 2009 | 海外人才岗位分为 A、B、C、D、E 五种，本着"按需设岗"的原则确定岗位数量。每种岗位设全职岗位（每年来校工作时间不少于 10 个月）和兼职岗位（每年来校工作时间 3—9 个月）。<br>A 岗位：能够承担学术领军任务，有重要影响的人文社会科学大家或有国际声誉的战略科学家。<br>B 岗位：胜任学术带头人职责，担任海外著名大学、科研机构、国际组织或公司企业正教授或相当职务的专家。"海外高层次人才引进计划""长江学者"等国家项目入选者，自动对应到此岗位。<br>C 岗位：具备海外一流大学、科研机构、国际组织或公司企业 3 年以上副教授或相当职务任职经历的中青年学术骨干，受聘我校教授岗位。<br>D 岗位：获得海外一流大学博士学位的优秀学者。<br>E 岗位：达到一定学历层次且使用外国母语工作的海外人士。 | 《中国人民大学引进海外人才暂行规定》（2009—2010 学年校政字 25 号） |
| 中国人民大学 | 中国人民大学杰出人文学者计划 | 2015 | 杰出人文学者聘用：讲席教授：聘期为 4 年。聘期内，可获得 30 万元/每年（税前）的特殊津贴。特聘教授：聘期为 4 年。聘期内，可获得 18 万元/每年。青年学者：聘期为 4 年。聘期内，可获得 10 万元/每年（税前）。大华学者评选："大华讲席"奖金为 15 万元人民币（税前），奖励期为一年。 | 《中国人民大学杰出人文学者聘任管理暂行办法》及《中国人民大学杰出人文学者聘任管理暂行办法实施细则》 |

续　表

| 学校 | 人才计划名称 | 启动时间 | 资助对象和相关内容 | 政策文本 |
|---|---|---|---|---|
| 北京科技大学 | 422 高层次创新人才工程 | 2003 | 通过公开招聘形式吸引和选拔国内外优秀人才,按四个梯次配备不同的条件,科研启动基金最高 100 万元,住房补贴基金最高 70 万元,岗位津贴基金最高 6 万元/年。 | — |
| 北京理工大学 | 青年骨干教师 | — | 预聘助理教授:1. 年龄不超过 32 周岁;2. 原则上具有 2 年以上海外知名大学或学术机构科研学习工作经历,具有海外知名大学博士学历学位者优先;3. 突出的学术发展潜力,具有独立发展一个研究方向的能力;4. 以第一作者或通讯作者发表高水平论文,或发表 ESI 高被引论文等。预聘副教授:年龄不超过 35 周岁;预聘准教授:年龄不超过 38 周岁等。 | 《北京理工大学深化教师聘用制度改革汇聚一流人才队伍的实施意见》《北京理工大学教师"预聘—长聘—专聘"制度实施办法(试行)》 |
| 北京理工大学 | "特立青年学者"人才支持计划 | — | 具有博士学位,原则上自然科学类年龄一般不超过 40 周岁,人文社会科学类或成果突出者年龄可适当放宽,能全职在北京理工大学工作。具有海外知名大学博士学位或具有 2 年以上海外著名高校、科研机构、知名企业研发机构等工作的经历。 | 《北京理工大学"特立青年学者"人才支持计划实施办法》 |
| 上海交通大学 | "特聘教授"计划 | 2007 | 国外应聘者已获得国外知名高校或著名研究机构副教授以上终身教职,或其他同等职位;国内应聘者要求不低于长江学者水平,近五年内有实力和潜力冲击院士,胜任核心课程讲授任务;学术造诣高,在国际同行中有一定的知名度;熟悉中国国情,与国内高校有着一定的合作交流。 | 《上海交通大学高层次人才引进与培养的若干意见》 |
| 上海交通大学 | "特别研究员"计划 | 2007 | "特别研究员"候选人应具备以下基本条件:1. 年龄不超过 40 周岁;2. 在著名高校或科研机构取得博士学位;3. 博士毕业在海外至少工作 3 年。 | 《上海交通大学高层次人才引进与培养的若干意见》 |

续　表

| 学校 | 人才计划名称 | 启动时间 | 资助对象和相关内容 | 政策文本 |
|---|---|---|---|---|
| 复旦大学 | "复旦—浩清"特聘教授 | 2011 | 获得过副教授(tenure associate professor)以上职位;年龄在45周岁以下。 | — |
| 复旦大学 | 复旦大学"卓越人才计划" | 2011 | 本计划分类实施、梯度推进,包含三层次支持体系:<br>(一)"卓学计划":学风端正、治学严谨,具有学术发展潜力,获校内学术同行认可。原则上理科医科年龄不超过35岁,文科不超过40岁,具有中级或副高级专业技术职务。<br>(二)"卓识计划",学风端正、治学严谨,具有突出学术活力和发展潜力,在国内学术同行中有一定影响力。原则上年龄不超过45岁,具有正高级专业技术职务。<br>(三)"卓越计划":学风端正、治学严谨,具有深厚学术造诣和广泛学术影响力,对科学研究和人才培养事业作出突出贡献。原则上年龄不超过60岁,具有正高级专业技术职务。院士、文科杰出与资深教授、长江学者、国家杰青等自动进入。 | 《复旦大学关于大力加强一流中青年人才综合培养支持的有关意见》《复旦大学"卓越人才计划"实施办法》 |
| 同济大学 | 同济大学柔性引进人才 | 2002 | 1.受聘担任我校相关学院、研究院院长实职,人事关系不在我校的著名学者;2.受聘我校兼职教授,每年在校实际工作时间较长的著名学者;3.受聘担任我校有关学院名誉院长的著名学者;4.受聘来校短期讲学或指导博士生的境内外著名学者;5.受聘来校工作的境外著名专家学者;6.受聘来校工作并在境外著名大学获得博士学位的外籍人士。 | 《同济大学柔性引进人才工作暂行办法》同人(2002)165号 |
| 同济大学 | 同济大学"青年百人计划" | 2016 | 分为A岗和B岗:A岗,年龄一般不超过40周岁,获得中组部"青年海外高层次人才引进计划""青年拔尖人才支持计划"、国家优秀青 | |

| 学校 | 人才计划名称 | 启动时间 | 资助对象和相关内容 | 政策文本 |
|---|---|---|---|---|
| 同济大学 | | | 年科学基金、教育部"长江学者奖励计划"青年学者、"国家重点研发计划青年科学家项目"的优秀青年人才;B岗:年龄一般不超过35周岁,在海外一流大学或科研机构取得博士学位,具有海外知名高校或科研机构正式教职的申请者可获优先考虑。 | — |
| 华东师范大学 | "双百"人才计划—"紫江青年学者" | 2017 | "紫江青年学者"申请者年龄理科不超过35周岁,文科可视情况放宽至40周岁,应在海内外高水平大学或研究机构获得博士学位或从事过博士后研究。工作目标是在一个聘期内(6年)。 | — |
| 华东师范大学 | "双百"人才计划—"紫江优秀青年学者" | 2017 | 申请者年龄理科不超过40周岁,文科可视情况放宽至45周岁,应在海内外高水平大学或研究机构获得博士学位或从事过博士后研究。工作目标是在一个聘期内(6年)达到"长江学者特聘教授""国家杰出青年基金获得者""国家万人计划领军人才"等国家高水平人才计划入选者的同等水平。 | — |
| 华东师范大学 | 明园晨晖学者计划 | 2017 | 应届毕业博士年龄不超过30周岁,有博士后经历者年龄不超过33周岁(人文社会科学类可视情况适当放宽)。招聘在海内外高水平大学或研究机构获得博士学位或从事过博士后研究,具有良好的科研工作基础并已取得一定的学术成果的优秀青年教师。 | |
| 东华大学 | 励志计划 | 2013 | A类:原则上理工科申请人年龄不超过40周岁,人文社会科学申请人不超过45周岁。一般应具有正高级职称。B类:原则上理工科申请人年龄不超过35周岁,人文社科类学科申请人不超过40周岁。 | — |

续　表

| 学校 | 人才计划名称 | 启动时间 | 资助对象和相关内容 | 政策文本 |
|---|---|---|---|---|
| 上海大学 | 上海大学学科团队引进办法 | 2014 | 1. 研究方向属于国家和上海市中长期科学技术发展规划的重点领域和重大前沿热点问题,或学校重点支持的建设领域和方向,整体学术水平已达到国内领先水平;<br>2. 负责人一般应为国家级人才、上海市海外高层次人才引进计划入选者或相当于以上水平的人员;<br>3. 团队一般为 3—5 人,以在多年合作基础上形成的骨干成员为主,具有合理的专业结构和年龄结构。 | — |
| 上海大学 | 上海大学"自强教授" | 2010 | 1. 国内专家:中国科学院、工程院院士、国内杰出学者、著名教授。<br>2. 国外专家:国际杰出学者、著名教授以及国外著名公司的高级技术人员。 | 《上海大学"自强教授"聘请实施办法》上大内〔2010〕79 号 |
| 上海大学 | 上海大学—浩清特聘讲座教授席 | 2012 | (一)已获国外知名高校终身教职或科研机构同等职位;或已获国内知名高校和科研院所正高级职务;或自本实施办法通过之日起新获聘的上海大学"特聘教授""自强教授"。<br>(二)德才兼备,学风严谨。在学术界有影响力,有高水平的国内外合作伙伴,有较强的协调沟通能力和学术团队领导能力。<br>(三)对学科发展具有开阔的国际视野和深远的前瞻性思考,能提出符合本校实际、具有可操作性的学院或学科发展规划。 | 《"上海大学—浩清特聘讲座教授席"管理实施办法(试行)》上大内〔2012〕76 号 |
| 天津大学 | 北洋学者计划 | 2012 | 年龄 40 岁以下,具有博士学位,并在海外工作 2 年以上,在相关领域取得一定成绩,具有一定国际影响和较强的学术发展潜力的优秀青年学者。 | 《天津大学引进海外高层次人才培育基地管理办法(试行)》 |
| 南开大学 | 百名青年学科带头人培养计划 | 2013 | 人文社会科学类年龄不超过 45 周岁、自然科学类年龄不超过 40 周岁;申报副教授岗位:年龄不超过 35 周岁。 | 《南开大学百名青年学科带头人培养计划实施细则》 |

| 学校 | 人才计划名称 | 启动时间 | 资助对象和相关内容 | 政策文本 |
|---|---|---|---|---|
| 南京大学 | 登峰人才支持计划 | 2013 | （一）A层次<br>全职在校工作的教授，或全职引进的海外知名高校、科研院所副教授（或相当职务）及以上或国内一流高校、科研院所正高级职务的杰出人才；原则上年龄不超过60周岁。<br>（二）B层次<br>全职在校工作的教授、副教授，或全职引进的海外知名高校、科研院所拥有正式教学科研职位或优秀博士、博士后的杰出人才，或全职引进的国内一流高校、科研院所副高级以上职务的杰出人才；原则上人文社会学科年龄不超过40周岁，理工医科年龄不超过35周岁。 | 《南京大学"登峰人才支持计划"实施办法》 |
| 苏州大学 | 苏州大学优秀青年学者 | 2017 | 1. 年龄一般不超过32周岁。<br>2. 海内外高水平大学、研究机构的优秀博士或博士后。<br>3. 在本学科领域具有一定影响力，学术研究成果突出，有成为学术带头人的潜力。 | 《苏州大学优秀青年学者管理办法》（苏大人〔2017〕125号） |
| 苏州大学 | "冠名"教授制度 | 2016 | （一）"冠名"讲席教授，主要围绕以下高层次人才设立：<br>"长江学者"特聘教授、"海外高层次人才引进计划""万人计划"入选者，国家杰出青年基金获得者、国家级教学名师，及其他杰出人文社科学者。<br>（二）"冠名"青年学者，主要围绕优秀青年学者设立：<br>"长江学者"特聘教授（青年项目）、"海外高层次人才引进计划"（青年人才项目）、"万人计划"（青年拔尖人才）入选者，国家优秀青年基金获得者，以及具有高级专业技术职务，年龄在40岁以下，在业内已崭露头角，具有较大发展潜力的青年俊才。 | 《苏州大学"冠名"教授制度暂行办法》 |

| 学校 | 人才计划名称 | 启动时间 | 资助对象和相关内容 | 政策文本 |
|---|---|---|---|---|
| 南京航空航天大学 | "长空学者"计划—长空英才 | 2017 | 具有博士学位,自然科学和工程技术类申请者年龄原则上不超过 40 周岁,人文社会科学类申请者年龄原则上不超过 45 周岁;具备在"长空英才"岗位聘期内入选教育部"长江学者特聘教授"、中组部"海外高层次人才引进计划"长期项目等国家级高层次人才计划或获得"国家杰出青年科学基金"的潜力;原则上申请者应已入选国家级青年人才计划或省部级人才计划。 | 《关于加强高层次人才队伍建设的若干意见》(党字〔2016〕2 号) |
| 南京航空航天大学 | "长空学者"计划—长空之星 | 2017 | 博士毕业两年以上,至少有一年以上在海外著名大学或研究机构学术研究经历,副高以上岗位。自然科学和工程技术类申请者年龄原则上不超过 32 周岁,人文社会科学类申请者年龄原则上不超过 35 周岁;具备在"长空英才"岗位聘期内入选教育部"长江学者特聘教授"、中组部"海外高层次人才引进计划"长期项目等国家级高层次人才计划或获得"国家杰出青年科学基金"的潜力;原则上申请者应已入选国家级青年人才计划或省部级人才计划。 | 《关于加强高层次人才队伍建设的若干意见》(党字〔2016〕2 号) |
| 南京理工大学 | "紫金学者"特聘教授 | 2008 | 第一层次申请条件:<br>(1) 年龄一般不超过 55 周岁。<br>(2) 一般应具有博士学位,并具备下列条件之一: ① "863"领域专家,或"973"首席科学家。② "海外高层次人才引进计划"入选者,或"长江学者"特聘教授,或"国家杰出青年科学基金"获得者,或"国家级教学名师奖"获得者。③ 江苏"333"工程一层次入选者,或"江苏特聘教授"等。<br>第二层次申请条件: | 《南京理工大学人才引进工作实施办法》执行 |

| 学校 | 人才计划名称 | 启动时间 | 资助对象和相关内容 | 政策文本 |
|---|---|---|---|---|
| 南京理工大学 | | | (1) 年龄一般不超过45周岁。(2) 一般应具有博士学位,在教学科研一线工作。国外应聘者一般应担任高水平大学助理教授及以上职位或其他相应职位,国内应聘者应担任教授或其他相应职位,并具备下列条件之一:江苏省"双创计划"入选者,或教育部"新世纪优秀人才支持计划"入选者,或中组部"青年海外高层次人才引进计划"入选者,或中组部"青年拔尖人才支持计划"入选者,或国家自然科学基金委"优秀青年科学基金"获得者等。 | |
| 南京理工大学 | 青年拔尖人才选聘项目 | 2012 | 年龄在35周岁及以下(人文社科类可放宽至38周岁及以下)。具有海外高水平大学(研究机构)或国内一流大学(研究机构)博士学位。入选中组部青年海外高层次人才引进计划、中组部青年拔尖人才支持计划、国家自然基金委杰出青年科学基金项目、国家自然基金委优秀青年科学基金项目等国家人才计划(项目)的或获全国百篇优秀博士学位论文的,可直接入选。入选中组部青年海外高层次人才引进计划、中组部青年拔尖人才支持计划、国家自然基金委杰出青年科学基金项目、国家自然基金委优秀青年科学基金项目等国家人才计划(项目)的或获全国百篇优秀博士学位论文的,可直接入选。 | 《南京理工大学人才引进工作实施办法》执行 |
| 浙江大学 | 1311人才工程 | 2009 | 到2017年前后,师资队伍规模基本稳定在3 500人左右,各类专职研究人员2 000人左右,形成100名左右具有国际影响力的高端人才,培养和引进300名左右具有国际知名度的高级人才,建设100个左右面向重大任务或科学问题的创新研究团队,支持1 000名左右支撑学校未来发展的青年骨干人才,即"1311人才工程"。 | — |

续　表

| 学校 | 人才计划名称 | 启动时间 | 资助对象和相关内容 | 政策文本 |
|---|---|---|---|---|
| 浙江大学 | 新星计划 | 2005 | 国家或省部级重点学科的成员以及国家、省部级人才计划入选者;博士毕业后已在浙江大学工作 2 年以上,理工农类候选人 35 岁以下,人文经管医学类年龄可适当放宽。 | 《浙江大学学术带头人后备人才出国研究专项计划实施办法》(浙大发人〔2005〕52 号) |
| 浙江大学 | 紫金计划 | 2006 | 进校不满 3 年、从事教学和科研第一线工作的教师;具有博士学位,申请当年原则上不超过 35 周岁。 | 《浙江大学优秀青年教师资助计划实施办法》(浙大发人〔2006〕18 号) |
| 浙江大学 | 浙江大学百人计划 | 2014 | 具有国际高水平大学助理教授或副教授相当水平的优秀青年人才;年龄一般在 35 周岁左右,身体健康;入选后,全职在岗工作。 | — |
| 浙江大学 | "文科领军人才" | 2014 | 在国内外高水平大学或顶尖学科担任正高级职务(或相当职务),或国际一流大学担任副高级及以上职务等。 | — |
| 浙江大学 | 求是特聘学者 | 2011 | "求是特聘教授岗"主要设置在哲学、经济学、法学、教育学、文学、历史学、理学、工学、农学、医学、管理学学科门类,优先保证国家重点学科、国家重点实验室及学校重点建设学科或领域及新兴交叉学科建设需要。海外应聘者一般应担任高水平大学副教授及以上专业技术职务或相当职务,国内应聘者应担任教授或相当职务(其中求是特聘医师岗人选原则上应具有教授和主任医师职称)。年龄在 55 周岁以下。 | 《浙江大学求是讲席教授求是特聘学者岗位制度实施办法》 |
| 福州大学 | "旗山学者"奖励支持计划 | 2013 | 学校针对 35 周岁以下青年教师设立的专项人才计划。计划从 2014 年开始 5 年内每年遴选 10 名左右(其中自然科学类 7—8 名,人文社会科学类 2—3 名)青年拔尖人才予以资助,聘任其为福州大学"旗山学者"。 | 《福州大学关于进一步加强和改进人才工作的若干意见》(福大委〔2013〕25 号) |

| 学校 | 人才计划名称 | 启动时间 | 资助对象和相关内容 | 政策文本 |
|---|---|---|---|---|
| 山东大学 | 仲英青年学者 | 2016 | 具有博士学位,身心健康。在申报当年1月1日,申请者的年龄不超过38周岁;海外应聘者一般应具有高水平大学助理教授及以上职位或研究机构相应职位的经历,或具有海外长期学术研修经历;国内应聘者应在教学科研一线工作,具有副教授及以上专业技术职务等条件。 | — |
| 山东大学 | 齐鲁青年学者 | 2008 | 具有博士学位,身心健康。校外申请者的年龄不超过35周岁,本校申请者的年龄不超过38周岁,人文社会科学领域申请者的年龄不超过40周岁;海外应聘者一般应具有高水平大学助理教授及以上职位或研究机构相应职位的经历,或具有海外长期学术研修经历;国内应聘者应在教学科研一线工作,具有副教授及以上专业技术职务。 | 《山东大学"齐鲁青年学者"特聘教授聘任办法》(山大人字〔2008〕29号) |
| 中山大学 | 中山大学百人计划 | 2012 | 取得国内外知名大学博士学位;具有重要国际学术影响的领军人才或具有较高学术造诣的中青年杰出人才或具有较好发展潜力的青年学术骨干,分多个层次引进。 | — |
| 哈尔滨工业大学 | 哈尔滨工业大学人才引进百人计划 | 2013 | 第一层次:中国科学院院士、中国工程院院士;海外高水平大学的终身教授。<br>第二层次:年龄一般不超过45周岁,教育部长江学者特聘教授、讲座教授;国家杰出青年科学基金获得者;国家自然科学基金重大项目负责人或"973"项目首席科学家等。<br>第三层次:年龄一般不超过40周岁,在海外知名学术机构从事教学、科研工作3年以上,且业绩显著的优秀海外留学人员;在国内高水平大学具有教授或研究员任职经历等。 | 《哈尔滨工业大学人才引进百人计划实施办法》 |

续　表

| 学校 | 人才计划名称 | 启动时间 | 资助对象和相关内容 | 政策文本 |
|---|---|---|---|---|
| 哈尔滨工业大学 | | | 第四层次：在国外一流大学获得博士学位，本人的学术方向为学校学科建设所急需，年龄不超过35周岁。 | |

资料来源：部分来源于高校人事部门网站公布的人才政策汇编，部分来源于收集到的4 000多名教师简历中提及的人才项目或者奖励名称进行查找确认后列编。

# 主要参考文献

英文文献

[ 1 ] Adler N J, Bartholomew S. Managing globally competent people[J].
Academy of Management Executive, 1992, 6(3): 52 - 65.

[ 2 ] Ahmed I, Nawaz M, Iqbal N, Ali I, Shaukat Z, Usman A. Effects
of motivational factors on employees job satisfaction a case study of
university of the Punjab[J]. International Journal of Business and
Management, 2010, 5: 70 - 80.

[ 3 ] Alder N J. Re-entry: Managing cross-cultural transitions[J]. Group
& Organization Studies, 1981, 6(3): 341 - 356

[ 4 ] Anafarta N. The Relationship between Work-Family Conflict and
Job Satisfaction: A Structural Equation Modeling (SEM) Approach[J].
International Journal of Business and Management, 2011, 6 ( 4 ):
168 - 177.

[ 5 ] Armer T T. Science teachers: factors that affect job satisfaction[D].
US. Minneapolis: Capella University, 2011.

[ 6 ] Armour S Y. An assessment of human resource professionals'job
satisfaction[D]. US. Minneapolis: Capella University, 2014.

[ 7 ] Bentley P J, Coates H, et al. Job Satisfaction around the Academic
Word[M]. Netherlands: Springer, 2013.

[ 8 ] Blachut J. Experience and Job Involvement: Moderators of Job
Satisfaction, Job Dissatisfaction and Intent to Stay[D]. Gradworks:
Dissertations & Theses, 2012.

［9］ Black J S. Mcndenhall M, Oddou G. Toward a comprehensive model of international adjustment: An integration of multiple theoretical perspectives［J］. Academy of Management Review, 1991, 16: 291－317.

［10］ Bozeman B, Gaughan M. Job Satisfaction among University Faculty: Individual, Work, and Institutional Determinants［J］. Journal of Higher Education, 2011, 82(2): 154－186.

［11］ Clark A E, Oswald A J, Warr D. Is job satisfaction U-shaped in age?［J］. Journal of Occupational and Organizational Psychology, 1996, 69(1): 57－82.

［12］ Cohen A M. Community College Faculty Job Satisfaction［J］. Research in Higher Education, 1974, 2(4): 369－376.

［13］ Cox J. The impact of information and communication technology on cultural reentry adjustment［D］. Texas: Texas A&M University, 2001.

［14］ Friedlander F. Underlying sources of job satisfaction［J］. Journal of Applied Psychology, 1963, 47(4): 246－250.

［15］ Hackman J, Oldham R, Greg R. The Job Diagnostic Survey: An Instrument for the Diagnosis of Jobs and the Evaluation of Job Redesign Projects［J］. Affective Behavior, 1974: 4－87.

［16］ Hagedorn L S. Conceptualizing Faculty Job Satisfaction: Components, Theories, and Outcomes［J］. New Directions for Institutional Research, 2000(105): 5－20.

［17］ Hargreaves A. Educational change takes ages: Life, career and generational factors in teachers' emotional responses to educational change［J］. Teaching and Teacher Education, 2005, 21(8): 967－983.

［18］ Hoppock R. Job satisfaction［M］. New York: Harper & Brothers Publishers, 1935.

［19］ House R J, Podsakoff P M. Leadership Effectiveness: Past Perspectives and Future Directions for Research. In Hillsdale N

J(ed.), Organizational Behavior: The State of the Science[M]. US: Lawrence Erlbaum Associates, 1994.

[20] Howard R. Testing the accuracy of the retrospective recall method used in expertise research [J]. Behavior Research Method, 2011, 43 (4): 931 – 941.

[21] Ingersoll R M. Teacher Turnover, Teacher Shortages, and the Organization of Schools[J]. Career Change, 2001: 37.

[22] Johnsrud L K, Rosser V J. Faculty Members' Morale and Their Intention To Leave: A Multilevel Explanation. [J]. Journal of Higher Education, 2002, 73(4): 518 – 542.

[23] Kalleberg A L. Work Values and Job Rewards: A Theory of Job Satisfaction[J]. American Sociological Review. 1977, 42 (1): 124 – 143.

[24] Lacy F J, Sheehan B A. Job Satisfaction Among Academic staff: An International Perspective [J]. Higher Education, 1997, 34 (3): 305 – 322.

[25] Lee K, Carswell J J, Allen N J. A meta-analytic review of occupational commitment: relations with person and work related variables[J]. Journal of Applied Psychology, 2000, 85 (5): 799 – 811.

[26] Liu C, Spector P E, Liu Y, Shi L. The interaction of job autonomy and conflict with supervisor in China and the United States: A qualitative and quantitative comparison[J]. International Journal of Stress Management, 2011, 18(3): 222 – 245.

[27] Oshabegmi T. How satisfied are academics with their primary tasks of teaching, research and administration and management? [J]. International Journal of Sustainability in Higher Education, 2000, 1: 2, 124 – 135.

[28] Pedrini L, Magni L R, Giovannini C, Panetta V, Zacchi V, Rossi

G, et al. Burnout in nonhospital psychiatric residential facilities[J]. Psychiatric Services, 2009, 60: 1547 - 1551.

[29] Perrachione B A, Petersen G J, Rosser V J. Why do they stay? Elementary teachers' perceptions of job satisfaction and retention [J]. Professional Educator, 2008, 32(2), 25 - 41. Retrieved from EBSCO host database.

[30] Porter L W, Lawler E E. Managerial Attitudes and Performance [D]. Homewood: Richard D. Irwin, Inc. 1968.

[31] Ramirez T J. Factors that contribute to overall job satisfaction among faculty at a large public land-grant university in the Midwest[D]. Iowa State University, Graduate Theses and Dissertations, 2011.

[32] Rosser V J. Faculty Members' Intentions to Leave: A National Study on Their Worklife and Satisfaction [J]. Research in Higher Education, 2004, 45(3): 285 - 309.

[33] Rosser V J. Measuring The Change in Faculty Perceptions Over Time: An Examination of Their Worklife and Satisfaction [J]. Research in Higher Education, 2005, 46(1): 81 - 107.

[34] Scarpell F, Vandenberg R. The importance of occupational and career views to job satisfaction attributes [J]. Journal of Organizational Behavior. 1992, 13(2): 125 - 140.

[35] Silvester J. Attributional Coding in Cassell C. and Symon G.(Ed.), Essential Guide to Qualitative Methods in Organizational Research [M]. London: SAGE Publications, 2004.

[36] Singh G, Kaur R, Singh V. Job satisfaction among college and university teachers: a study of UGC, academic staff college[J]. International Journal of Trends in Economics, Management & Technology, 2015, 4(2): 1 - 9.

[37] Smith P C, Kendall L M, Hulin C L. The measurement of satisfaction in work and retirement: A strategy for the study of attitudes[M]. Chicago:

Rend McNally，1969.

[38] Spector P E. Job satisfaction：Application，assessment，causes，and consequences[M]. Thousand Oaks，CA：Sage，1997.

[39] Sussman N M. Testing the Cultural Identity Model of the cultural transition cycle：Sojourners return home[J]. International Journal of Intercultural Relations，2002，26(4)：391－408.

[40] Volkwein J F，Parmley K. Comparing Administrative Satisfaction in Public and Private Universities[J]. Research in Higher Education，2000，41(1)：95－116.

[41] Vroom V H. Ego-involvement，job satisfaction and job performance [J]. Personnel Psychology，1962，15(2)：159－177.

[42] Ward C，Bochner S，Furnham A. The psychology of culture shock [M]. Sussex：Routledge. 2001.

[43] Weiss H M. Deconstructing job satisfaction：Separating evaluation，beliefs and affective experiences[J]. Human Resource Management Review，2002，12 (2)：173－194.

[44] Yang J T. Antecedents and consequences of job satisfaction in the hotel industry [J]. Journal of Hospitality Management. 2010，29 (4)：609－619.

[45] Feng L. & Li T. When international mobility meets local connections：Evidence from China[J]. Science and Public Policy. 2019：1－12.

中文文献

[1][美]菲尔德著,阳志平,王薇,等,译.工作评价-组织诊断与研究实用量表[M].北京：中国轻工业出版社,2004.

[2][美]弗雷德·鲁森斯著,王垒等译校.组织行为学[M].北京：人民邮电出版社,2003.

[3][美]弗雷德里克·赫茨伯格等,张湛译.赫茨伯格的双因素理论[M].北京：中国人民大学出版社,2016.

[4][美]斯蒂芬·罗宾斯.组织行为学[M].北京：中国人民大学出版

社,2011.

［5］［美］詹姆斯·柯林斯,杰里·波勒斯.基业长青［M］.北京：中信出版社,2009.

［6］蔡蕾.综合改革背景下的高校师资分类评价体系——以上海交通大学为例［J］.现代教育,2015(11)：12－13.

［7］陈敏,刘佐菁,陈杰,陈建新.完善青年科技人才支持政策对策建议——以广东省为例［J］.科技管理研究,2019(6)：29－34.

［8］陈文明,齐欢.论高等学校行政管理工作信息化［J］.高等教育研究,2001(6)：76－78.

［9］程希,苗丹国.出国留学六十年若干问题的回顾与思考(1949—2009年)［J］.东南亚研究,2010(1)：79－87.

［10］杜伟.高校科研评价现状与完善途径探析［J］.高等教育研究,2004(4)：61－64.

［11］冯伯麟.教师工作满意及其影响因素的研究［J］.教育研究,1996(2)：42－49.

［12］高鸾,陈思颖,王恒.北京市高校青年教师工作满意度及其主要影响因素研究——基于北京市 94 所高校青年教师的抽样调查［J］.复旦教育论坛,2015,13(5)：74－80.

［13］郭丽君.学术职业与大学教师聘任制［J］.现代大学教育,2007(06)：99－109.

［14］郭书剑,王建华."双一流"建设背景下我国大学高层次人才引进政策分析［J］.现代大学教育,2017(4)：84.

［15］何根海.高校教师工作满意度问题的实证研究［J］.国家教育行政学院学报,2013(4)：3－9.

［16］胡翔,李锡元,李泓锦.回流人才政策认知与工作满意度关系研究［J］.科技进步与对策,2014,31(24)：151－156.

［17］黄海刚,连洁,曲越.高校"人才争夺"：谁是受益者？——基于"长江学者"获得者的实证分析［J］.北京师范大学学报(社会科学版),2018(5)：39－51.

[18] 黄海刚,曲越,连洁.中国高端人才过度流动了吗?——基于国家"杰青"获得者的实证分析[J].中国高教研究,2018(6):56-61.

[19] 蒋莹,陈斐.高校海外高层次人才引进现状与优化对策研究——以江苏省为例[J].科技管理研究,2014(24):107-111.

[20] 李光奇."青年"年龄划分与标准管见[J].青年研究,1994(5):7-8.

[21] 李广旭.高校"海归"教师职业不适应问题的研究——以上海某高校 M 老师为例[D].上海:华东师范大学,2013.

[22] 李思思.高校理工科类和人文社科类教师工作压力和工作满意度的比较研究[D].长沙:湖南师范大学,2015.

[23] 李唐,程丽如,方舒.高校海归青年教师生存现状分析——基于 ZR 大学等首都六所高校的调查[J].学海,2015(6):210-216.

[24] 李兴山,刘潮.西方管理理论的产生与发展[M].北京:现代出版社,1999.

[25] 李永鑫,李艺敏.学校管理心理学[M].上海:上海社会科学院出版社,2007.

[26] 李志英.高校教师工作满意度研究[D].上海:华东师范大学,2011.

[27] 李稚琳.苏州大学引进教师工作满意度研究[D].苏州:苏州大学,2003.

[28] 廉思.工蜂:大学青年教师生存实录[M].北京:中信出版社,2012.

[29] 蔺亚琼.人才项目与当代中国学术精英的塑造[J].高等教育研究,2018,39(11):6-17.

[30] 刘金伟,张荆,李君甫,赵卫华.北京高校教师薪酬满意度及其影响因素分析——基于北京地区 18 所高校教师的抽样调查[J].复旦教育论坛,2012(1):71-77.

[31] 刘莉,董彦邦,朱莉.科研评价:中国一流大学重大原创性成果产出少的瓶颈因素——基于国内外精英科学家的调查结果[J].高等教育研究,2018,39(8):28-36.

[32] 苗丹国.出国留学教育的政策目标——我国吸引在外留学人员的基本状况及对策研究[J].清华大学教育研究,2003,24(2):20-28.

[33] 闵维方."十三五"时期我国高等教育发展战略的若干问题[J].北京大学教育评论,2016,14(1):92 - 104.

[34] 瞿海源.调查研究方法[M].台北:三民书局,2007.

[35] 石修.高校教师科研绩效评价满意度及其影响因素研究[D].武汉:华中农业大学,2018.

[36] 孙荣,陈莹.高校行政流程再造:内涵、路径与影响因素[J].高等教育研究,2012(9):30 - 35.

[37] 王定华.新时代我国教师队伍建设的形势与任务[J].教育研究,2018(3):4 - 11.

[38] 王辉耀,苗绿.中国海归发展报告(2013)[M].北京:社会科学文献出版社,2013.

[39] 王金友,蒲诗璐,王慧敏,李妮.高校教师岗位分类管理刍议——国外一流大学的经验和我国高校的实践[J].四川大学学报(哲学社会科学版),2014(2):127 - 136.

[40] 王鹏,高峰强,李鹰.我国高校教师工作倦怠的群体类型研究[J].教育研究,2013(6):107 - 117.

[41] 王仙雅,林盛,陈立芸.科研压力对科研绩效的影响机制研究——学术氛围与情绪智力的调节作用[J].科学学研究,2013,31(10):1564 - 1571.

[42] 王云东.社会研究方法——量化与质性取向及其应用[M].台北:威仕曼文化事业股份有限公司,2012.

[43] 王振洪.高职院校教职员工组织承诺与工作满意度研究——基于全国6所高职院校的调查[J].教育发展研究,2011(21):73 - 78.

[44] 王志红,蔡久志.大学教师工作满意度的测量与评价[J].黑龙江高教研究,2005(2):77 - 79.

[45] 魏文选.中国若干所大学教师工作满意度的实证研究[D].上海:华东师范大学,2006:6 - 10.

[46] 温忠麟,侯杰泰,马什赫伯特.结构方程模型检验:拟合指数与卡方准则[J].心理学报,2004,36(2):186 - 194.

［47］翁清雄,席酉民.职业成长与离职倾向：职业承诺与感知机会的调节作用［J］.南开管理评论,2010,13(2)：119‑131.

［48］吴明隆.问卷统计分析实务——SPSS操作与应用［M］.重庆：重庆大学出版社,2010.

［49］吴帅.海外人才引进机制与政策研究［M］.北京：中国社会科学出版社,2014.

［50］吴娴.研究型大学教师工作满意度与职业倦怠关系研究［D］.大连：大连理工大学,2009.

［51］吴志宏.把教育专业自主权回归教师——我们需要什么样的教育管理［J］.教育发展研究,2002,22(9)：34‑39.

［52］谢冬平.人才项目嵌入与高校学术劳动力市场状态审视［J］.高校教育管理,2017(06)：47‑52.

［53］谢钢.高校青年教师不稳态心理浅析与对策［J］.江苏大学学报：社会科学版,1999(2)：22‑24.

［54］徐凤辉,王俊.中国高层次青年人才项目实施现状分析［J］.教育科学文摘,2018(3)：7‑9.

［55］徐笑君.“海归”教师工作满意度调查分析［J］.人力资源,2009(21)：35‑37.

［56］徐志勇,张东娇.学校文化认同、组织文化氛围与教师满意度对学校效能的影响效应：基于结构方程模型(SEM)的实证研究［J］.教育学报,2011(10)：116‑128.

［57］闫燕.海归知识员工组织支持感和主动性人格对组织承诺的影响研究［D］.成都：西南财经大学,2012.

［58］阎光才,岳英.高校学术评价过程中的认可机制及其合理性——以经济学领域为个案的实证研究［J］.教育研究,2012(10)：75‑83.

［59］阎光才.海外高层次学术人才引进的方略与对策［J］.复旦教育论坛,2011(5)：49‑56.

［60］阎光才.新形势下我国留美高层次人才回国意愿和需求分析［J］.苏州大学学报(教育科学版),2016,4(3)：79‑85.

[61] 阎光才.学术等级系统与锦标赛制[J].北京大学教育评论,2012,10(3)：8-23.

[62] 杨娟,金帷.高校教师学术工作的满意度与压力——国际比较与个案分析[J].教育学术月刊,2018(06)：19-27.

[63] 杨震青.中青年骨干教师工作满意度调查与对策初探[J].上海教育科研,2007(4)：57-58.

[64] 姚红玉.新教师专业发展的趋势与策略[J].教师教育研究,2005,17(6)：20-23.

[65] 余承海,姚本先.高校青年教师工作满意度研究——以安徽省为例[J].扬州大学学报(高教研究版),2011(1)：56-59.

[66] 余广源,范子英.“海归”教师与中国经济学科的“双一流”建设[J].财经研究,2017(6)：52-65.

[67] 余荔.海归教师是否促进了高等教育国际化——基于“2014中国大学教师调查”的研究[J].高等教育研究,2018,39(8)：66-76.

[68] 余晓飞.基于工作满意度视角的高校“海归”教师人力资源管理政策研究——以上海高校“海归”教师为例[D].上海：复旦大学,2009.

[69] 余新丽,赵文华.基于知识图谱的大学核心竞争力的理论基础与热点研究[J].现代大学教育,2011(6)：40-46.

[70] 张彩霞.新教师入职初期适应现状及对策研究[D].大连：辽宁师范大学,2010.

[71] 张东海,袁凤凤.高校青年“海归”教师对我国学术体制的适应[J].教师教育研究,2014(5)：62-67.

[72] 张瑾.我国吸引和有效发挥高端人才作用的对策研究[M].北京：经济管理出版社,2014.

[73] 张志远,李俊林,赵金安.中西部地区地方高校青年教师生存状态的调查与研究[J].国家教育行政学院学报,2014(3)：9-15.

[74] 赵青.归国适应的构成维度、影响因素及其与工作满意度的关系研究——基于上海市“海归”员工的实证研究[D].上海：华东师范大学,2010.

［75］朱佳妮,吴菡.一流大学建设高校海归教师科研表现自我评价的调查分析［J］.高等教育研究,2018(12)：55‐60.

［76］朱佳妮."学术硬着陆"：高校文科青年海归教师的工作适应研究［J］.复旦教育论坛,2017(3)：87‐92.

［77］朱军文,李奕嬴.英国研究型大学教师薪酬体系及其特点——基于罗素集团的实证研究［J］.2017(11)：86‐93.

［78］朱军文,沈悦青.我国省级政府海外人才引进政策的现状、问题与建议［J］.上海交通大学学报(哲学社会科学版),2013,21(1)：59‐63.

［79］朱新秤,卓义周.高校青年教师职业满意度调查：分析与对策［J］.高等教育研究,2005(5)：56‐61.

［80］李欢欢,李立,邹颖敏等.基于个体——组织匹配的高校教师工作满意度与工作压力的关系［J］.心理与行为研究,2015,13(3)：385‐390.

［81］陈纯槿.中学教师工作满意度影响因素的实证研究——基于PISA2015教师调查数据的分析［J］.教师教育研究,2017,29(2)：84‐91.

# 后 记

本书能够顺利出版,特别感谢我的博士导师朱军文教授。从 2013 年至 2022 年,与朱老师相识已近十年。从博士学习和研究,到本书的修改和出版,全部依托于朱老师的项目资助和老师的悉心教导。本书调查研究海归青年教师首聘期工作满意度影响因素和政策机理的选题来自朱老师一直以来对教师管理和高校研究前沿问题的思考,感谢朱老师的启发和信任。经过持续几年的调查研究,完成了本书的撰写工作,希望对高校人才政策改革和国际化背景下的现代大学制度建设提供一些启发。

感谢上海交通大学教育学院的刘念才教授、刘少雪教授、杨颉教授、赵文华教授,以及朱佳妮老师、杨希老师、马春梅老师等以及博士论文评委老师们,老师们严格、专业的学术要求和真知灼见,使得研究内容不断完善,老师们为此研究的完成提供了莫大的帮助。在此,一并感谢学院曾经给予我帮助和鼓励的老师们,衷心感谢老师们的关怀。

感谢上海交通大学出版社的诸位老师为本书顺利出版付出的辛勤工作。

感谢东北财经大学公共管理学院领导们和同事们的鼓励和支持。

感谢所有参加调查问卷和面对面访谈的海归教师们,感谢你们对课题组的信任,由衷地感谢您愿意跟我们分享首聘期所遇到的困难和所有的感想,正是有了你们的慷慨分享,才使本研究得以进行下去,您的回复和支持给了课题组莫大的帮助。

衷心感谢我的家人,感谢父母的养育之恩和不求回报的奉献,求学之路承载了你们太多的希望。感谢我的先生，我们相互陪伴、共同努力、共同进步。

"饮水思源"，我将心怀感恩之心，念相助之人，感相识之缘，承关爱之情，开始新的征途。

李奕嬴